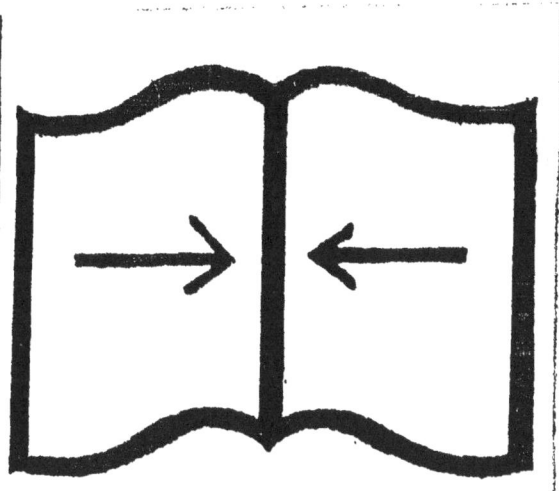

RELIURE SERREE
Absence de marges
intérieures

VALABLE POUR TOUT OU PARTIE DU DOCUMENT REPRODUIT

ARMAND SILVESTRE
CONTES À LA BRUNE

Illustrations

PARIS
C. MARPON ET E. FLAMMARION
ÉDITEURS
26, rue Racine, près l'Odéon

CHEZ LES MÊMES ÉDITEURS

PUBLICATIONS RÉCENTES A 3 FR. 50 LE VOL.

Ballet (Berthe)....	Criminalité!................	1 vol.
Bapaume (Amable)..	Le Cocher de la Duchesse.......	1 vol.
Bertol-Graivil....	Deux Criminels.............	1 vol.
Bonnetain (Paul)..	En Mer. Illustré............	1 vol.
Bouvier (Alexis)...	Les Seins de Marbre.........	1 vol.
—	La Belle Olga.............	1 vol.
Bussy et Lèbre....	Le Mahatma..............	1 vol.
Caise (Albert).....	Teurkia. — *Mœurs algériennes*....	1 vol.
—	La Jeunesse d'une Femme au Quartier Latin................	1 vol.
Chesnel (E.).....	Les Plaies d'Égypte. — *Les Anglais dans la vallée du Nil*.......	1 vol.
Colombier (Marie)..	Courte et Bonne............	1 vol.
Courteline (G.)...	Les Femmes d'Amis. Illustré....	1 vol.
Dubut de la Forêt..	Tête à l'envers.............	1 vol.
Duval (Georges)...	Honneur pour Honneur........	1 vol.
Fabart (Félix)...	Le Coup du Lapin. — Roman social.	1 vol.
Fonbrune (Henri de).	Milord Tripot.............	1 vol.
Jacolliot (Louis)...	Les Chasseurs d'Esclaves.......	1 vol.
Janvier (Louis-Joseph)...	Une Chercheuse. — Couverture illustrée par Bavard............	1 vol.
Lecoy de la Marche.	L'Esprit de nos Aïeux. — Anecdotes et bons mots tirés des manuscrits du XIIIe siècle............	1 vol.
Lemonnier (A. et S.).	Une Mère d'Actrices..........	1 vol.
Loudun (Eugène)...	Journal de Fidus...........	1 vol.
Maizeroy (René)...	Lalie Spring.............	1 vol.
Tola-Dorian (Mme).	Poèmes lyriques............	1 vol.
Tolstoï (Comte Léon).	De la Vie, seule traduction autorisée.	1 vol.
Vautier (Mme Claire).	Adultère et Divorce..........	1 vol.
Vivier (Eugène)...	La Vie et les Aventures d'un Corniste................	1 vol.
Zola (Emile) (Préface par)	La Morasse. — Nouvelles, par les Secrétaires de rédaction des grands journaux...............	1 vol.

PARIS. — IMPRIMERIE C. MARPON ET E. FLAMMARION, RUE RACINE, 26.

CONTES
A LA BRUNE

VERS ET PROSE

Il a été tiré, de cet ouvrage,

vingt-cinq exemplaires numérotés sur papier du Japon,

au prix de **10** *francs.*

ARMAND SILVESTRE

CONTES
A
LA BRUNE

Illustrations de Kauffmann

PARIS
C. MARPON ET E. FLAMMARION
ÉDITEURS
26, RUE RACINE, PRÈS L'ODÉON

Tous droits réservés.

A C. L.

Je dédie ces contes à la très belle qui les a inspirés. Je les publie pour les lecteurs fidèles de mes Pleines Fantaisies. *Ils y retrouveront mes meilleures pages et aussi le meilleur de moi, tout ce qui y est profond et sincère.*

La mélancolie et la gaîté s'y sont mêlées d'elles-mêmes, puisque ce sont des contes d'amour et que l'amour est, à la fois, la suprême tristesse et la suprême joie.

ARMAND SILVESTRE.

Juillet 1888.

L'HYMNE DES BRUNES

L'HYMNE DES BRUNES

A Catulle Mendès.

Vous doutiez-vous, mon cher Mendès, que vous soulèveriez l'ire des brunes avec votre jolie chanson des blondes? Vous voilà confondu dans un même anathème avec Maizeroy, également convaincu de n'aimer que les toisons dorées baisant l'ivoire des épaules. Or voici que les porteuses de chevelures noires, dont un Styx jaillit du front marmoréen, ont élevé vers moi leur plainte et m'adjurent d'être leur champion contre vous. Ils montent de toutes parts, leurs cris de vengeance, et le plus amer m'arrive de par delà la Méditerranée, comme un alcyon dont l'aile s'est trempée au flot salé. Une lettre, une lettre terrible, mon cher, datée de Mustapha-Alger. N'affrontez pas ces rivages, mon ami, ou vous y trouveriez certainement le sort d'Orphée qui n'eut d'autre tort peut-être que de trop pleurer devant la beauté farouche des Ménades, les charmes dolents et baignés de mélancolie d'Eurydice.

Par quoi ai-je mérité d'être ainsi choisi pour défendre la splendeur sombre des crinières faites de nuit et pour répéter aux échos le doux vers Virgilien :

Alba ligustra cadunt, vaccinia nigra leguntur.

où est chantée la saveur de la noire airelle? Sans doute par la sincérité d'un passé amoureux qui demeura, en effet, presque constamment fidèle à la beauté brune, malgré quelques excursions dans les champs de blés tout noyés de soleil vivant. Je ne blasphémerai pas cependant vos charmes exquis, filles qui portez au front des rayons de miel, et à qui je dus mes seuls plaisirs tranquilles dans le monde passionnel où presque tout me fut torture. La vérité est que mes vraies douleurs et mes profondes ivresses ne me vinrent pas de vous. Celle qui porte en elle le secret horrible de mes désespoirs et de mes joies, dont le pied triomphant m'écrasa le cœur, est coiffée d'un casque d'ombre; et cela est ainsi depuis que j'aime. Je ne mentirai donc pas en célébrant ses splendeurs cruelles.

∴

Plus souples, plus légers que les fils dont la nuit
Tisse le voile obscur où son front se recèle,
Et plus enveloppants sont les cheveux de celle
Vers qui mon seul espoir désespéré s'enfuit;

Quand ma bouche en tremblant les effleure sans bruit,
Leur magnifique éclat sous ma lèvre étincelle,
Comme, dans le ciel noir où l'ombre s'amoncelle,
Des étoiles le chœur soudain s'allume et luit.

Comme dans un linceul vivant et que soulève
Chacun des battements où se rythme mon rêve,
Dans leur réseau divin j'ai mon cœur enfermé.

Et, jaloux d'une mort plus douce que la vie,
Au cou d'ivoire pur qu'ils inondent, j'envie
Le doux et cher fardeau de leur flot parfumé.

∴

O vous qui portez le signe redoutable des défaites innombrables de mon cœur, Sulamites aux tempes nimbées d'ébène, je dirai, puisque cela vous amuse, l'ineffable torture où me mit la contemplation de vos grâces triomphantes. Tandis que, dans le teint des blondes, roule comme un Pactole de lait où palpitent, çà et là, des parcelles de soleil; tandis que tout est gaieté dans le printemps rosé de leurs joues, l'éclat de votre peau, à vous, est comme tissé de rayons de lune, de rayons d'argent pâle où frissonnent les mystères sacrés de la nuit, et votre pâleur mate, votre pâleur divine semble avoir besoin de notre sang pour y boire les chaleurs inquiètes de la vie. C'est lui qu'aspire silencieusement le baiser de vos lèvres froides, tragiques amantes dont le sourire même cache d'invisibles morsures. Sur les épaules doucement veloutées de vos rivales semble toujours flotter une lumière d'aurore ; ce sont les clartés stellaires du soir qui baignent d'un frisson votre poitrine où la transparence des chairs fait courir le réseau bleu des veines, le réseau d'azur pâle qui se perd dans le marbre. Tandis que la beauté des blondes est comme un éternel appel au plaisir, votre attirance, à vous, est surtout faite du besoin de souffrir qui, pour beaucoup, se confond avec le besoin d'aimer. Aussi n'ai-je guère pour vous moins de haine que d'amour, ô vous qui m'avez traîné dans les géhennes, femmes au front lilial encadré de flottantes ténèbres !

*
* *

Je veux vous dire cependant quelque chanson bien douce :

> Comme le vol d'une hirondelle,
> Sur un ciel d'aube aux blancs rideaux,
> Double, en passant, une ombre d'aile,
> Se dessinent tes noirs bandeaux.
>
> Leur ombre jumelle se joue
> Sur le ciel de ton front qui luit,
> Et jusqu'aux roses de ta joue,
> De sa corolle étend la nuit.
>
> Avant que l'hiver n'effarouche
> L'oiseau fidèle, si tu veux,
> Je poserai longtemps ma bouche
> Au sombre azur de tes cheveux.

．·＊．
＊．

Mais, au fait, si celles qui m'ont élu pour plaider contre vous, ô Maizeroy, ô Catulle, étaient ce que nos aïeux appelaient des : « brunes piquantes » ! Oui, vous savez, ce qu'on nomme encore, dans la campagne, de simples « brunettes ! » Ah ! que j'aurais été daubé dans ma défense et comme je me trouverais vraiment quinaud, tout comme l'Anglais dont se moqua Panurge. J'avoue n'avoir jamais rien compris à la beauté du Diable. Je m'en tiens encore à celle du Bon Dieu. Aussi bien ce culte est-il le seul dont je l'honore. Au cas où ma religion aurait été indignement surprise, je veux conclure par une bien nette profession de foi :

La Nuit dans les cheveux, la Nuit dans les prunelles ;
Le jour, — blanc sur le front, — sur la bouche vermeil :
C'est cette ombre jumelle et ce double soleil,
Que celles que je sers doivent porter en elles.

Et je leur veux aussi les grâces solennelles
Des déesses d'antan sortant de leur sommeil.
Car mon esprit païen au ciel même pareil,
Ne resplendit qu'au choc des beautés éternelles.

Il faut à mes baisers des seins fermes et blancs ;
Mes bras ne s'ouvrent bien qu'à la rondeur des flancs
Dont le marbre vivant s'élargit en amphore.

Telle est la Femme au corps par mon désir mordu
En qui s'incarne l'heure de mon rêve éperdu
Et dont l'amour cruel sans trêve me dévore !

I

CONTES DE PRINTEMPS

LA PREMIÈRE DU PRINTEMPS

> C'est la première du Printemps
> Au théâtre de la Nature,

comme chantait Suzanne Lagier dans quelque antique féerie des Folies-Dramatiques. Oui, mes amis, c'est aujourd'hui la première du Printemps. Le calendrier l'affirme; j'ouvre ma fenêtre, plein d'espérance, et la referme, aveuglé par la neige. Encore un mensonge de ce méchant bout de carton que nous apporte, avec l'innocence perfide de Pandore, devant que chaque année soit finie, l'émissaire quotidien de l'administration des Postes ! Voilà un cadeau qui m'ennuie ! D'abord c'est le signal de tous ceux que j'aurai à faire sous le nom futile d'étrennes. Puis c'est absolument comme si on m'offrait gracieusement le catalogue de tous les ennuis à venir. Tous les jours de terme sont marqués là et tous les jours d'échéance, toutes les nuits sans lune et tous les jours sans gaieté ! Il faut avoir été bien constamment heureux pour aimer à prévoir, et je suis de ceux qui sont reconnaissants à Dieu de nous céler l'avenir. Le calendrier est le grand obstacle à l'oubli, qui peut seul consoler de vivre. Il ramène les anniversaires où l'on pleure, les plus nombreux de tous ! Les plus beaux moments de la vie sont ceux où

on voudrait que le temps arrêtât sa course.
C'est par décence que l'Écriture prétend que,
ce fut à l'occasion d'une bataille, que Josué
lui en donna l'ordre. S'il n'était pas le dernier
des imbéciles (et nous en avons connu beaucoup d'autres après lui) et s'il était vraiment
investi de ce féerique pouvoir, j'estime qu'il
en a dû profiter pour l'amour et non pour le
carnage. Suspendre, ô ma chère, le vol de
l'Heure, durant que je suis dans vos bras!
Ce fut toujours mon rêve et mon vœu
inexaucé. Mais il semble que son aile est
plus rapide encore quand vous dormez ce
sommeil dont chaque souffle est un baiser!
Oh! ce calendrier qui nous prend au flanc
comme un éperon! Et puis, j'ai encore contre
lui une rancune personnelle. Jamais il n'a
daigné citer, dans sa nomenclature stupide,
l'humble saint dont je porte le nom, bien que
celui-ci ait été un homme vertueux et bienfaisant, comme je l'ai établi d'après les légendes. En revanche, sainte Beuve y est
nommée, car c'était une bien heureuse que

le célèbre écrivain avait pour patronne, ce qui lui donna un goût immodéré des femmes durant toute sa vie. Tandis que moi !... O saint Armand, qu'on surappelait le chaste dans toute la province, quelle injustice on nous fait à tous deux !

*
* *

L'impunité dont ont joui jusqu'ici les jeunes gens qui achèvent volontiers une nuit de plaisir en coupant la gorge à la femme qui la leur a procurée porte ses fruits. Les femmes galantes que Vacquerie, longtemps avant l'invention des *horizontales* et des *agenouillées*, appelait galamment des *universelles* et le pauvre Philoxène Boyer des *conciliantes* (avouez que le mot était joli et bien trouvé) vivent maintenant sous un véritable couteau de Damoclès. Leur sommeil coupable est peuplé de cauchemars sanglants. La vertu profitera, je l'espère, de cette terreur, et le dégoût viendra à beaucoup de ces dames d'une carrière qui n'avait eu jusqu'ici que des fleurs. C'est un bien pour un mal. Seulement, je trouve que les messieurs qui ont entrepris cette morale en action vont un peu loin. Ils ne se contentent plus de décapiter leur bonne amie d'une nuit, pour emporter le chapelet de ses salaires honteux; ils massacrent en même temps ses domestiques et les enfants de ceux-ci. Si on les laisse faire, il extermineront, par la même occasion, toute la maison. Car, soyez certains que si, au devant de l'homme que la police cherche partout où il n'est pas, avec le flair de ses fins limiers, le concierge de la maison où s'est commis le crime et toute sa famille, ou quelque imprudent locataire s'était présenté au moment de sa fuite, il n'eût pas hésité davantage à leur trancher le chef. J'en conclus que les immeubles où ces dames loueront des appartements deviendront dangereux à leurs voisins. Il y a là une question de risques locatifs, au moins aussi considérable que pour l'incendie et qui donnera à réfléchir aux gens prudents. Nos aïeux étaient plus sages qui ne laissaient pas « divaguer », comme disent les maires de village en parlant, dans leurs affiches, des chiens errants, les personnes faisant le métier de ramener chez elles les voyageurs, les rufians et les rôdeurs de nuit, mais leur prescrivaient de vivre entre elles et comme cloîtrées dans de profanes couvents où habitait la félicité antique. *Hic habitat felicitas.* La mode de ces maisons de retraite se perd de plus en plus, et c'est grand dommage pour la dignité des rues et des boulevards, et j'ajouterai pour le plaisir des gens raisonnables. Car il eût suffi d'un peu d'imagination et de luxe oriental pour en faire la réalisation du Paradis de Mahomet sur la terre. Le ruisseau dans lequel elles se sont vidées a été comme une terre grasse et féconde pour le vice qui y a pullulé. Ah ! comme les Romains et les gens d'Herculanum étaient d'autres artistes et d'autres philosophes que nous ! Aujourd'hui c'est pour

protéger les jours (non! les nuits) de ces
pauvres filles, de leurs gens et de leurs colocataires, que je supplie le gouvernement de
les enfermer à nouveau. Elles ne chômeront
pas, pour cela, de visites, vous pouvez être
tranquilles; mais ceux qui les viendront voir
ne le feront pas dans l'intention de les assassiner. Ce sera toujours un progrès.

*
* *

Que l'homme s'exagère volontiers ses
maux, et comme il se plaindrait moins de sa
destinée, s'il considérait plus souvent les
sorts pires que le sien et que d'autres ont
subis avant lui! L'étude de l'histoire ne devrait nous servir qu'à connaître ces exemples
monstrueux de déveine, chez certains héros,
qui font dire aux gens raisonnables : « Enfin!
en voilà un qui était plus malheureux que
moi! » Ce serait une excellente leçon de phi-

losophie résignée, puisqu'il est entendu que, par une sage ordonnance de la Providence, nous sommes tous destinés à souffrir plus ou moins, et qu'il est logique de mesurer nos cris et nos révoltes à la part d'ennuis qui nous est faite.

Cette réflexion mélancolique me vient du bruit que font messieurs les bookmakers à propos de la mesure peu bienveillante, j'en conviens, dont ils viennent d'être l'objet. Il faut les voir, dans la banlieue, que presque tous habitent, exhaler leur colère le long du fleuve, comme les Hébreux à Babylone ou comme les damnés au bord du Styx. Le grand gémissement entendu dans Rhama n'était qu'une musiquette de quatre sous auprès de la douloureuse symphonie dont ils régalent les oreilles. A les entendre, tout est perdu pour la paix publique, et ils renverseront le gouvernement. C'est comme si c'était déjà fait! Ceux-ci geignent et ceux-là clament; tous vocifèrent et se démènent. On a osé toucher à un des corps les plus respectables de l'État moderne et secouer, dans leur personne, les assises de la société !... Que leur a-t-on fait pourtant, bon Dieu! Retiré tout simplement un inerte morceau de bois qui ne leur servait qu'à ficher en terre pour faciliter leurs opérations.

On affirmait, dans mon village, que plusieurs s'étaient tués de désespoir. Eh bien, si, dans les champs Élyséens d'un monde meilleur, leurs ombres toujours gémissantes rencontrent l'ombre éternellement mélancolique d'Abélard et que le grand érudit entende le sujet de leur plainte, quel ironique sourire sur ses lèvres où le nom sacré d'Héloïse brûle encore, et quel regard de dédain dans ses yeux abaissés !

.*.
* *

— C'est le Printemps! vous dis-je, ma chère ! C'est le Printemps !

Et vous vous repelotonnez, frileuse, au coin du feu clair et ronflant, comme une chatte, le dos sous votre belle chevelure dénouée, les coudes sur les genoux et les mains ramenées vers la flamme qui fait courir, dans leur transparence délicate, de délicieux petits reflets roses. Et je vous répète :

— C'est aujourd'hui le Printemps, mignonne ! ne m'entendez-vous pas ?

Alors vous fermez les yeux, sans toujours me répondre, et j'imagine que mes paroles vous frappent l'oreille sans aller plus loin, comme un son indécis, comme une romance lointaine dont les mots échappent et dont l'air seul parvient jusqu'à vous, vague et mêlé dans le vent. Mais ces mélodies inconsciemment perçues ont le don d'évoquer les visions et les souvenirs. Vous fermez les yeux et c'est certainement pour vous recueillir dans le rêve des verdures renaissantes, des violettes bordant les chemins, des brises pleines d'odeurs vivaces et douces, des longues promenades sous le soleil tiède déjà, de toutes les splendeurs en boutons dont la Nature devait être parée aujourd'hui, si mon almanach n'avait effrontément menti! Vous ne rêvez pas tant que cela, mon âme. Le Printemps n'est-il pas dans cette chambre chaude et pleine de fleurs où vous aimez à vivre en hiver? Le Printemps n'est-il pas partout où vous êtes? Et ne pouvons-nous pas chanter là comme dans les bois, et chaque jour, tant notre joie s'y renouvelle :

> C'est la première du Printemps
> Au théâtre de la Nature!

MIMOSAS

Comment ne pas songer qu'ils viennent de là-bas où la terreur et l'effarement ont marqué la fin des jours de gaieté carnavalesque, ces beaux panaches de mimosas que les petites charrettes parisiennes promènent et qui semblent verser une pluie d'or sur les roses alanguies des marchandes ambulantes? Que la Nature est indifférente à nos misères ! Tandis que la fourmillière humaine s'éparpillait affolée, croyant encore sentir le sol s'ouvrir sous ses pas, les fleurs, tranquilles, s'épanouissaient dans la sérénité du matin, sous cette première blancheur de l'aube qui est comme le sourire d'argent du ciel.

La mythologie grecque, qui savait si bien mêler aux fables grandioses les plus exquises imaginations, n'avait pas dédaigné de chercher une légende aux fleurs. Rappelez-vous celle d'Hyacinthe. Ainsi au Japon, dont je vous ai dit, un jour, le joli poème des lilas. L'Orient est plein de ces traditions charmantes. Je les regrette vivement, ma chère, et constate l'infériorité de notre imagination à ce sujet. Ce n'est pas assez pour moi de comparer sans cesse les lys à vos doigts et les roses à votre bouche. Tous les madrigaux d'autrefois n'étaient pleins que de ces choses-là. Et puis ce n'est ni vrai ni vraiment flatteur. Les lys n'ont pas les jolis reflets d'azur qui courent sous le satin blanc de votre main, et vos lèvres ont des parfums vivants que n'ont jamais eus les roses. Il faudrait en finir avec ces continuelles comparaisons qui, si belles que soient les fleurs, sont encore à l'humiliation de la femme. Je voudrais faire mieux et plus digne de vous que cela dans une mythologie nouvelle. Tout est symbolique autour de nous. Mais, entre toutes choses, les fleurs dont les plus humbles, suffisamment contemplées, évoquent mille images diverses, comme vous le savez bien, vous qui passez des heures entières en contemplation devant un myosotis.

Voilà ce que j'ai rêvé, moi, il y a quelques jours devant une branche de mimosa.

***

La Méditerranée et son bleu manteau couchés sous le ciel, par un soir d'été plein de l'odeur des lauriers-roses, et, dans une île aujourd'hui disparue, — car je parle d'un temps lointain et inutile à préciser, puisqu'on a aimé toujours, — deux amants goûtant l'extase de cette heure mystérieuse où s'ouvre le jardin des étoiles. L'île est proche de la terre, et la solitude en semble faite pour le mutuel enchantement de leurs âmes. Vous souvient-il que nous avons souvent rêvé d'une thébaïde pareille, où rien ne nous atteindrait des clameurs lointaines et des banales gaietés ? Ils marchent sur le rivage, les mains unies. Je les vois si bien que je pourrais vous dire maintenant vers quel siècle lointain ils ont vécu. Ils portent la blanche tunique grecque. Elle a, comme vous, de longs cheveux noirs qui sont comme une nuit répandue sur la double colline de neige de ses épaules ; comme vous, elle a le profil fier de la race élue, et, comme vous, je ne sais quel éclat fatal de pierrerie dans les yeux. Et c'est lentement qu'ils s'avancent le long du flot qui chante, tout en poussant jusqu'à leurs beaux pieds nus, son écume pareille à des palmes d'argent. Les grands oiseaux que le soir exile des hautes mers passent au-dessus de leurs têtes avec un doux balancement d'ailes. C'est comme un grand recueillement de la Nature autour d'eux, dans ce magnifique paysage sérénal où leurs ombres grandissent et bleuissent, à mesure que la lune se lève, la lune mélancolique qui roule dans les flots comme une grosse larme brisée.

.•.

— Que la vie est douce ici, ma bien-aimée ! fait l'amant, rompant soudain le silence.

Et elle lui répondit, comme quelqu'un qui se réveille :

— La mort serait plus douce encore, car elle nous réunirait pour jamais.

Et, leurs regards plongeant l'un dans l'autre, comme si leurs âmes s'y mêlaient, ils y mesurèrent l'infini d'une tendresse que rien au monde ne pourrait briser; car l'espoir fou d'immortalité, par delà le trépas, qui nous dévore ne nous vient que de l'amour.

— Oui, reprit-il, tout est beau autour de nous, tout est charmant, mais tout cela pourrait disparaître que, si tu me restais, je n'y prendrais même pas garde.

Elle lui répondit :

— Le ciel n'est pas si grand que tes yeux ni la mer si profonde que ton amour.

Ainsi, comme il arrive dans les tendresses exaltées, s'immatérialisait leur pensée dans un rêve où s'anéantissait l'univers. Ils sentaient bien qu'en dehors l'un de l'autre, rien ne leur était rien ni à l'un ni à l'autre, que tout pouvait s'écrouler autour d'eux, mais non pas rompre l'invisible chaîne que leurs lèvres tendues dans un baiser suprême allaient fermer.

. . . .

Jamais la sérénité du ciel n'avait été si grande dans aucune nuit d'été. A peine un frisson sur la mer qui, par places, en allongeait les ondes en un sillon d'argent. Les étoiles y posaient leurs images apaisées, comme des oiseaux lassés dont le vol s'arrête sur un arbre où ne passe pas le vent. Non, jamais, une telle sérénité du firmament n'avait enveloppé toutes choses d'une telle caresse... Un grondement! puis un choc sous les pas. La mer soulevée et hurlante. Un bouquet de feu montant dans l'air avec un fracas épouvantable et, plus loin, par delà la rive, quelque Vésuve ou quelque Etna s'ouvrant dans une lourde fumée de soufre... Plus d'île charmante! Plus d'amants soupirant une idylle dans le calme de ce beau soir! Comme ils l'avaient souhaité, la même flamme avait mêlé leurs esprits pour les emporter au ciel!

Au printemps qui suivit, sur la plage où étaient retombées quelques terres de l'île dispersée, une fleur nouvelle fleurit, semblant un bouquet de feu qui monta vers la nue comme celui des volcans. C'était le mimosa où respire encore l'âme douce et fidèle de ces amants fortunés !

* *

Et pour finir moins tristement, ma chère, que par cette sombre légende :

> Vous connaissez la fleur légère
> Bordant le flot bleu qui s'endort ?
> On dirait que, sur la fougère,
> Le soleil tombe en neige d'or.
>
> Comme un panache de fumée
> Que le couchant teint de safran,
> Comme une poussière embaumée
> Que pousse la brise en errant,
>
> Elle monte dans l'air humide
> Où le flot roule un souffle amer,
> Et mêle son parfum timide
> Aux âcres senteurs de la mer.
>
> Elle flotte parmi l'espace
> Où l'oranger tend ses bras lourds ;
> L'aile du papillon qui passe
> Y met un fragile velours.
>
> Mimosa ! presque un nom de fée !
> Quelque naïade, assurément,
> S'en étant autrefois coiffée,
> Parut plus belle à son amant.

J'aime cette fleur parfumée
Au souffle furtif et coquet,
Pour ce qu'une main bien aimée
Un jour en portait un bouquet.

LE BUIS

Le premier vrai dimanche de printemps dans un village de banlieue! Vous devinez si c'était un remue-ménage. A chaque train c'était un flot nouveau de voyageurs bruyants se dispersant sur les chemins, par groupes, s'appelant ou se disant adieu. Paris a une population spéciale d'émigrants hebdomadaires suburbains qui ne rappelle que de fort loin les hautes traditions de la noblesse française, brave petit monde assurément, mais d'une société plus provinciale que la province elle-même. Quel bavardage insipide monte de ce microcosme! Le bourdonnement des mouches est, à côté, fort intéressant. Mais quelle providence pour les débitants indigènes qui ne vivent guère que de l'empoisonner une fois par semaine! Il faut voir les gâte-sauces se ruer en cuisine dans les arrière-boutiques et les garçons des estaminets secouer les chaises du vent emporté par leurs tabliers blancs. Les notables du pays en promenade aussi, avec leurs chiens, ou simplement assis devant leurs portes, regardent avec une joie débonnaire cet élément de prospérité se répandre autour de leurs lares. Ils applaudis-

sent au progrès contemporain, au sage goût
de ce peuple pour les plaisirs faciles, au développement des industries alimentaires; ils se
réjouissent d'être nés dans un si beau temps
où tout le monde ne songe qu'à s'amuser. Les
grands cacatoës de la démocratie locale trô-
nent dans cet épanouissement, semblant dire,
la main dans le revers de leur redingote : Ce
beau temps-là, c'est nous qui l'avons fait! La
vérité est qu'il se vend dans le pays, chaque
dimanche, beaucoup plus de petits verres et
de charcuterie qu'il y a dix ans. Allez donc
nier, après cela, la prospérité nationale et le
bien-être croissant des classes autrefois op-
primées. Je jouis comme un autre du philan-
thropique spectacle de tous ces gosiers arro-
sés et de toutes ces tripes repues, mais j'en
jouis sobrement, sans m'y appesantir, avec
l'enthousiasme d'un homme qui n'aurait pas
pris ce chemin s'il n'y avait pas été obligé.

— C'est aujourd'hui Pâques-fleuries, dit
un enfant à son père en passant auprès de
moi.

Son père le regarda d'un air qui voulait dire : Qu'est-ce que ça nous fait!

* *
*

Eh bien! moi, ça me dit quelque chose. Le mot est si joli, d'abord : Pâques-fleuries! Ce fut comme une bouffée de souvenirs d'enfance qui me monta au cerveau, pendant qu'il tintait dans mon oreille. Tout un monde d'émotions douces se réveilla en moi, douces et lointaines comme la voix d'un clocher perdu dans les brouillards. Je revis les seuils de l'église tout jonchés de rameaux de buis et les foules cheminant, recueillies, sous cette verdure, comme cela était quand j'avais douze ans. Des relens d'encens et des gémissements d'orgue passèrent dans l'air, et je me complus singulièrement à cette vision qui me rajeunissait et me vieillissait tout ensemble. Des hymnes chantaient en latin dans ma mémoire, et cette musique m'était la plus douce du monde. Quoi d'étonnant?

Dans l'uniforme ennui des premières années qu'emplissent de fastidieuses études et de stupides exercices de mémoire, je ne me souviens pas de meilleur repos que celui des fêtes religieuses. Passer des murs froids de l'étude crasseuse dans l'enceinte radieuse et illuminée de l'église; quitter les bouquins noircis et cornés pour le missel aux enluminures naïves; entendre les mélodies sublimes du plain-chant au lieu du nasillard discours du pion; respirer à pleins poumons le benjoin après les fades parfums de la cuisine scolaire, n'était-ce pas vraiment quitter les réalités immondes pour les visions les plus aimables? N'était-ce pas franchir la porte d'un paradis longtemps fermé?

En ce temps-là, le jour des Rameaux était un grand événement dans ma vie, et la noble image du pardon triomphant descendant sur l'humanité prosternée m'apparaissait dans le simple rameau de buis que je promenais fièrement au retour de la grand'messe.

* *

Je ne sais pas encore par quoi la philosophie contemporaine compte remplacer le symbolisme qui faisait le grand charme des religions disparues. Grâce à lui, la Nature était de toutes leurs fêtes. C'était un élément essentiellement païen de poésie et de grandeur, qui n'effrayait pas le spiritualisme bon enfant de nos aïeux. Cette consécration des choses par un commerce glorieux avec la Divinité n'était pas pour nous montrer le néant de la Matière. J'avoue que celle-ci m'apparaît beaucoup plus infime et humiliée sous le scalpel et dans les cornues, se brisant, s'évaporant, se multipliant à l'infini, comme une vermine, sous des noms scientifiques et barbares. J'ai horreur de vivre parmi tous ces gaz décomposés. Dût un dogme indéniable surgir un jour de toute cette cuisine, je lui préférerais encore le mensonge de la Vérité nue s'élançant des eaux candides d'un puits. Cette recherche de l'infini dans l'infiniment petit des pourritures me répugne horriblement, et j'aimais mieux les efforts brisés de l'âme humaine vers un idéal fuyant toujours, mais rayonnant comme le soleil qui nous éclaire et nous réchauffe sans que nous l'atteignions davantage. Il y avait un beau fond de panthéisme dans les cérémonies chrétiennes, qui leur venait de l'Orient plus encore que de Rome et de la Grèce. C'était toujours une attache à l'éternelle vérité qui est dans le respect mystérieux de la vie et dans l'adoration méditative du Beau, dans toutes les formes accessibles à nos sens et à notre esprit.

．
．．

Comme j'étais loin des promeneurs parisiens et des indigènes réjouis dont je n'entendais plus le bruit que comme celui d'un reflux, rythmé par la distance et s'affaiblissant à chaque nouveau retour! C'est que j'avais pris la pleine campagne tout en méditant et me perdant dans ces pensées, un chemin de traverse que je rebroussai pour rentrer avant le déclin du soleil. Il me fit passer presque devant l'église, vide alors, mais sur les marches de laquelle une mendiante continuait sa psalmodie, avec des rameaux de buis béni dans son tablier. Elle m'en tendit un, en échange de mon aumône, et je ne l'ai pas jeté. Je l'ai même rapporté avec moi, et, pour que vous n'ayez aucune envie de me railler, ma chère âme, je vous avouerai que je l'ai mis avec des fleurs que vous m'avez données autrefois et que j'ai toujours précieusement gardées. C'est un souvenir de jeunesse que je veux mêler à nos souvenirs d'amour.

PROSE DE PAQUES

Tandis que, dans mon jardin, déjà, une verdure tendre suit, d'une vapeur d'émeraude, le squelette des arbustes, qu'aux cimes des lilas, de petites grappes de rubis se dégagent des feuilles pâles et serrées, que les pousses nouvelles des fusains nuancent de flèches jaunes leur masse sombre, qu'à terre les bor-

dures s'émaillent, épaissies, piquées çà et là
de petites fleurs sauvages, je sais, dominant ce
menu paysage, un grand peuplier encore marqué au sceau de la désolation hibernale. Son
tronc noir monte droit dans le ciel et se sépare
très haut en brins formant comme un fuseau
déchiqueté. Ces petites lignes noires et précises tracent, sur l'azur indécis d'avril, comme
un dessin à la plume, une façon d'arabesque
extrêmement délicate. Sur un point seulement, une touffe met une bavure d'estompe,
une sorte de pâté comme en pose sur leur
cahier la maladresse des écoliers. Au premier
abord, vous croiriez le gui sacré que nos aïeux
des Gaules ne fauchaient qu'avec une serpe
d'or. Et, dans la prairie large qu'emplit la
solitude exquise et silencieuse du matin, le
rêve évoque volontiers l'image de Velléda la
vierge aux jambes nues, le corps agité de
prophétiques frissons, et, plus que jamais,
sous le casque ardent de sa chevelure, méditant les destins obscurs de la terre douce et
féconde où s'achèvent les gloires de la race.

Car c'est plus que jamais qu'il les faut invoquer ces tutélaires génies du sol natal, ces dieux longtemps endormis dont la pitié marquait d'un signe les peupliers et les chênes, patrons agrestes des ancêtres au cœur viril dont le sang tarit dans nos veines !

Mais non ! Moi qui connais, dans ses moindres détails, le petit coin de nature où je vis, je sais fort bien ce qu'est cette houppe sombre accrochée à la nervure tourmentée de l'arbre éploré, dont les souffles mauvais de la lune rousse courbent la tête flexible. J'en ai vu partir, l'an dernier, un peu plus tard, il est vrai, une volée de ramiers, de ces ramiers confiants de banlieue que l'inexpérience des chasseurs dominicaux prendra pour des pigeons domestiques, et que protègera la crainte salutaire des dommages et intérêts. C'est un nid de l'autre printemps qui est là, un nid où chuchotèrent beaucoup d'angoisses et beaucoup de tendresses, un nid abandonné, dont les feuillages renaissants voileront bientôt la mélancolie, comme les espoirs nouveaux où

s'ensevelissent nos tristesses dans un linceul
de gaieté, sans que celles-ci en demeurent
moins attachées au plus solide de notre être,
au plus vivant de nos entrailles.

*
* *

Par quelle association bizarre de pensées,
par quel caprice de rapprochement, me suis-je
constamment souvenu de ce gîte délaissé,
flottant dans le vent et suspendu dans les
branches, devant les boutiques fastueuses où
l'œuf pascal, sous toutes ses formes, emplissait hier les devantures? Non plus le petit
œuf teint de rouge qui constituait, dans notre
enfance, le plus économique des présents. Car
c'est tout au plus si quelques marchands ambitieux et dans le but coupable d'en augmenter le prix, découpaient sur les plus beaux,
avec la pointe d'un canif, le portrait d'une
cathédrale. Mais l'œuf nouveau, l'œuf magnifique, obligatoire mais non gratuit, qui est

comme le café des étrennes dont le petit
Noël avait été l'apéritif, invention des petites
dames plus que des mères de famille, joie des
cocottes beaucoup plus que tranquillité des pa-
rents. De tous les arts qui ont progressé dans
le siècle, celui de demander est certainement
un des mieux partagés. Ce temps a été dur
pour les fois réconfortantes et les illusions
généreuses, mais il a beaucoup fait pour la
quémanderie. Il a tué les nobles colères, mais
il a perfectionné le pourboire. Le laurier a
symbolysé certaines époques. La carotte ser-
vira d'emblème à celle-ci. Je dis tout cela
sans amertume; car je ne sais rien de plus
charmant que la mode des cadeaux entre
gens qui s'aiment. C'est l'idée de réglementer
cette mode qui me convient moins et lui ôte,
pour moi, beaucoup de sa poésie.

Œufs sur œufs derrière les vitrines! Œufs
de moineaux et œufs d'autruche! Œufs monstrueux qu'on pourrait prendre pour le globe
de l'œil des mammouths immenses récem-
ment découverts et qui nous prouvent que

nous autres de la race humaine sommes une simple vermine sur la peau recroquevillée d'un monde qui s'éteint. Est-ce que l'univers va finir dans une immense omelette? Surprises que tout cela! Mais surprises inouïes. Boîtes à jouets ou boîtes à bijoux. Plus rien de l'ancienne légende qui donnait un sens particulier à cette nature de présents.

Et, malgré moi, je me détournais de ces chapelets insupportables aux grains inégaux, aux contours sans harmonie pour me rappeler, dans le grand peuplier de mon jardin, le nid désert que mouillaient les giboulées, le nid que n'agitaient plus de craintifs frémissements d'ailes. Et cette antithèse prenant d'étranges proportions dans mon esprit, je murmurais, sans dire tout haut ma préoccupation ridicule :

Nid sans œufs, œufs sans nid. La triste chose!

* *
*

Et, tout en marchant par les rues qu'emplissait un grand désœuvrement de foule, je pensais aux maisons où l'on pleure aujourd'hui les absents de la dernière guerre. L'enfant a grandi, intelligent et vigoureux, portant en lui l'immense espoir de tous. Il avait coûté cher à faire ainsi, mais il était celui qui devait s'envoler plus haut que les autres du même nom et rapporter, un jour, dans l'arche, un brin de laurier. Il était l'orgueil futur et la consolation certaine. Quand le devoir viril de servir son pays est venu à lui, il l'avait accueilli comme un ami et il était parti promettant de revenir. Qui raillera maintenant les pressentiments des mères? C'est dans le vacarme de la poudre qu'il a rencontré l'éternel silence. C'est la mort anonyme que crache au hasard la gueule des canons qui lui a mis au front le froid du dernier baiser. Est-ce l'ongle subtil des bêtes de proie ou la pointe d'une pique ennemie qui, le retournant sur le sable ensanglanté, donnera à sa face l'adieu de la lumière? Tandis que les clairons se taisent dans l'éloignement de la retraite, son dernier souffle s'exhale et va rejoindre dans le ciel la clameur des cuivres rassemblant les courages prêts à de nouveaux combats. Celui-là ne reverra plus le doux toit où il avait été comme l'oiseau tremblant que rassurent les maternelles caresses, le doux toit dont il s'était trouvé l'hôte en naissant et où les choses elles-mêmes semblaient l'aimer!

Et lui donc! n'avait-il pas rêvé, à son tour, la demeure tranquille où il amènerait un jour la jeune épouse toute blanche? La porte n'était-elle pas ouverte déjà, perdue dans un échevèlement de glycine, donnant sur le jardin où les causeries seraient si douces à la clarté amie des étoiles, sous l'odeur fragile des lilas? Ne savait-il pas déjà la place du banc de pierre où les confidences meurent dans l'imperceptible bruissement des mousses froissées quand s'allument doux projets morts dans leur germe! Maison vide et rêve sans asile!

Nid sans œufs! œufs sans nid!

* * *

Vous rappelez-vous, mon amour, la place que nous avions choisie pour nous aimer bien longtemps quand le printemps viendrait, après l'hiver qui nous fut si doux et qui devait contenir toutes nos tendresses? C'est en marchant dans la neige qui craquait délicieusement sous vos petits pieds, le long du bois désolé et sous un ciel froid où le soleil pâle, et las de lutter, soufflait à peine quelques vapeurs de cuivre que nous parlions, votre bras tenant de très près le mien, du renouveau des choses fêtant le renouveau de notre bonheur. Au lieu de la fourrure frileuse qui vous enveloppait cependant si bien, vous porteriez une toilette très légère et je verrais vos jolis bras sous les transparences nacrées de l'étoffe. Nous nous arrêterions longtemps sous ce toit rustique dont les murs porteraient des capucines en fleur parmi les lierres. Et vos baisers après avoir été le foyer où nos âmes croisaient leurs étincelles, seraient devenus la fraîcheur des sources où elles seraient venues boire ensemble.

Avril est venu trop tard pour nous trouver encore amis. Les calendriers se moquent bien de nos misères.

Et vous, — comme le temps fuit! — qui fûtes ma compagne d'une nuit seulement; d'une nuit chaste mais pleine de désirs, dans l'emportement du train qui nous emmenait l'un et l'autre pour nous séparer à l'arrivée; d'une nuit trop courte où ne s'échangèrent que des paroles presque banales, mais où tous deux nous sentions déjà l'enlacement délicieux des chaînes qui allaient se briser, croyez-vous que j'aie oublié les rêves absurdement exquis que je sentais en vous aussi bien qu'en moi et qui me reviennent parfois sur des ailes d'espérance?

Nos vaines tendresses sont souvent comme des voyageurs sans gîte. Des bonheurs ignorés nous attendent là où ne nous mènera jamais notre chemin.

Nids sans œufs! œufs sans nid! La triste chose!

AU SALON

Nous cheminions, celle que j'aime et moi, dans les grandes salles, les yeux déjà un peu perdus de peinture, dans cette griserie vague de couleurs qui vient d'une orgie de tableaux et qui ne permet guère, à nos Expositions annuelles, les patientes études. Autour de nous la foule grouillait, et l'on eût dit que, nouvelle Pandore, M. Prudhomme avait ouvert sa boîte mystérieuse, tant il se disait de sottises et d'hérésies autour de nous. Les admirations écœurantes allaient aux succès faciles. Je vous recommande le goût des jeunes filles du monde en peinture. Nous marchions, déjà lassés, dans ce bouhaha de dessus de palettes et de paroles inutiles, dans le mouvement banal d'art qui est devenu une fabrication, et dans ce mouvement banal d'esprit qui s'exerce à la critique sans rien savoir. Car tout le monde tente et tout le monde juge aujourd'hui, ce qui ne laisse à personne le temps d'apprendre. Infidèle à mon bras, la promeneuse que j'avais conduite laissait errer un regard distrait par delà les cimaises, vers les sommets où s'en vont ceux qui n'avaient cependant pas pris pour devise : *Quo non ascendam!*

Tout à coup elle s'arrêta net :

— Et de cinq, fit-elle.

— Quoi, cinq? lui dis-je en approchant; car ce m'était une occasion délicieuse de frôler de plus près les charmes que la possession m'a rendu plus chers, à l'encontre des paresses ordinaires qui sont le lot de la satiété.

— Mais les Èves cueillant une pomme !

Je regardai dans le sens que son doigt m'indiquait. C'était bien une Ève, en effet, qui, dans une nudité correcte, tendait son bras blanc vers un fruit rond qui ferait supposer que le Paradis terrestre était dans notre Normandie et non pas où l'on mit d'ignorants restaurateurs de géographie. Car toutes les découvertes nouvelles tendent à prouver que l'ancienne Palestine était dans notre France. Je ne désespère pas de trouver à Montmartre des traces authentiques du Calvaire. J'y ai déjà choisi une Madeleine pour y faire aussi mon petit faubourg Saint-Antoine hébreu, à l'instar de celui du Champ-de-Mars. Nous y jouerons la Passion comme nos ancêtres représentaient les Mystères. Je figurerai Simon le Nazaréen, parce que j'ai une façon très distinguée de porter la croix, et Gailhard Ponce-

Pilate parce que ce lui sera une occasion unique de se laver les mains.

— C'est bien une pomme! fis-je avec conviction.

* *

Et j'ajoutai :

— Parions, madame, que si c'était vous qui eussiez été notre première mère, — et vous auriez porté mieux que personne le costume traditionnel, — ce n'est pas pour une simple pomme que vous auriez livré au ridicule le front de votre mari, et condamné à des maux sans nombre votre innocente postérité?

— Pour quoi, alors?

Et elle me regardait avec un étonnement doux dans les yeux. Me remémorant ses goûts personnels, je repris :

— Mais pour des fraises, par exemple; car vous m'avez toujours paru les aimer bien davantage. Vous vous en fussiez servi à vous-même tout un plat sur le cœur d'une feuille de vigne, et vous m'en auriez sûrement offert. J'aurais certainement refusé les fraises pour vous les laisser toutes, mais j'aurais baisé la feuille parce que vos jolis doigts l'auraient touchée, et devinant peut-être qu'elle serait bientôt votre première jupe. Vous rappelez-vous nos fouilles gastronomiques dans le bois de Meudon, quand vous poussiez de petits cris de joie à chaque perle rouge et savoureuse découverte par vous, dans la profondeur humide des gazons, et que les merles s'effarouchaient à votre approche tandis que les rossignols continuaient pour vous leur plus belle chanson? Vous aviez des gourmandises charmantes et vous traîniez, comme une gamine, à genoux, m'offrant le radieux spectacle de vos montagnes naturelles. — Comme c'est bon! répétiez-vous. Et moi, j'attendais une autre occasion pour vous dire aussi : — Comme c'est bon! Car j'aime à partager vos impressions en toutes choses. Oui, des fraises;

c'est pour des fraises seulement, madame, que vous auriez consenti à coiffer Adam du bonnet de Sganarelle et à précipiter votre race dans les maux infinis, dont cependant, à mon humble avis, l'amour est une suffisante consolation. Oui, sournoise adorée qui, dans ces printanières excursions, faisiez semblant de chercher seulement des violettes et portiez rapidement votre jolie main à votre bouche, avec un grain de corail aux doigts !

— Vous vous trompez, fit-elle.

*
* *

— Alors, c'eût donc été pour des cerises? Parbleu ! je n'en serais pas surpris ; car vous n'avez pas non plus oublié nos belles promenades à Montmorency, d'où vous reveniez avec de lourdes et savoureuses boucles d'oreilles, mettant de chaque côté de votre cou deux larges gouttes de sang? Je me souviens de vos intrépidités, madame, et j'ai gardé délicieusement la mémoire des coups d'œil que je glissais entre les branches, quand vos jolis pieds posés sur quelque fourche naturelle de l'arbre, vous écartiez les mollets pour vous donner plus d'assise, vos jupes formant au-dessus de moi comme une cloche blanche qui sonnait silencieusement les antiennes du désir. Tel, quand un lys dont le vent a brisé la tige penche vers le sol, son calice retourné, le bourdon tombé de son cœur d'or entrevoit, entre les plis candides des pétales, la poussière embaumée des étamines. Car vous êtes, madame, une fleur plus belle et plus pure que le lys et êtes aussi bien mise que lui, sans filer davantage. Vous aviez quelquefois une idée charmante et dont je vous étais spécialement reconnaissant : celle de relever le devant de votre robe et un peu de ses dessous, sans oublier la batiste de votre chemise, pour y entasser votre moisson. Ce m'était un agrandissement tout à fait agréable du panorama où s'obstinait mon regard. Et c'était comme un chapelet aux grains de pourpre vivante sur lequel couraient vos jolis doigts blancs, ma belle dévote, un chapelet que vous baisiez de temps en temps, mêlant le rouge des fruits avec le rouge encore plus vif de vos lèvres. Comme vous buviez à toutes ces petites coupes de rubis ! Et quand nous revenions le soir, nous aurions pu retrouver le lendemain notre chemin, comme le Petit Poucet, aux noyaux éperlés tout le long. Ah ! décidément, c'est pour des cerises que vous auriez seulement fermé sur le nez de vos petits-fils la porte immaculée de l'Éden.

— Pas davantage, poursuivit-elle avec un rire moqueur sur les lèvres.

*
* *

— J'y suis enfin ! m'écriai-je ; vous n'eussiez écouté le maudit serpent qui nous a tous perdus et que Dieu a condamné pour cela à souffler éternellement dans les églises, que s'il vous avait montré sur l'arbre de la science du Bien du Mal une belle pêche au duvet parfumé comme celui de votre joue. Nous allions aussi à Montreuil dans la saison, ma charmante, et vous y faisiez une cour assidue aux espaliers. Un jour, en levant le bras trop haut, vous glissâtes le long de la muraille ensoleillée; votre jaconas, — car vous étiez mise en campagnarde avec un large chapeau de paille sous lequel vos beaux cheveux faisaient une tache noire — s'accrocha à un clou planté entre les pierres et se déchira tout du long. Ainsi me fut révélé l'envers de la médaille que j'avais numismatisée amoureusement en d'autres circonstances. Puissent toutes les médailles avoir des revers pareils! J'en fus positivement ébloui. Bien vite relevée et, sans même prendre le soin de réparer votre toilette, vous vous barbouilliez effrontément du jus luisant du fruit volé, vous vous barbouilliez les lèvres et même un peu les joues. Allons, j'ai deviné, cette fois, et c'est pour une pêche que vous nous auriez tous condamnés à payer nos contributions dans cette vallée de larmes.

— Pas le moins du monde, reprit-elle, et s'il faut être franche, c'est, comme Ève, pour une pomme que je vous aurais tous damnés, en même temps que moi-même. Car seule, sous les dents de la femme, la pomme résiste et se déchire, en saignant, avec une plainte, comme si elle mordait dans un cœur.

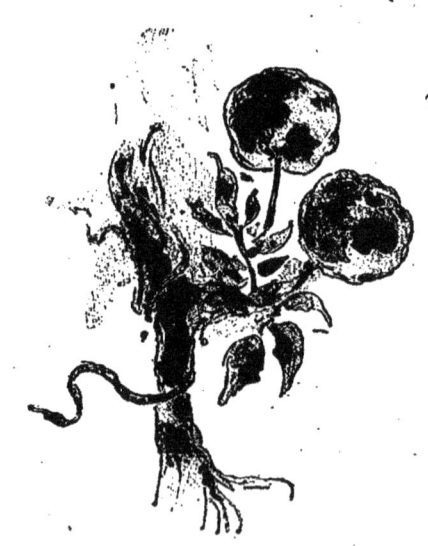

TULIPES

Derrière les vitres embuées d'un marchand de fleurs, dans un panier ridicule affectant la forme d'un chapeau de bergère, enrubanné et accroché, au mépris du bon sens, à un chevalet de palissandre, un faisceau de ces tulipes précoces qui nous viennent de loin composait un bouquet aux couleurs tentantes et variées. Comme humiliées du décor que leur faisait la bêtise humaine, les fleurs demeuraient fermées, pareilles aux pointes émoussées de lourdes flèches, légèrement inclinées sur leur tige, mais souriantes cependant de l'éclat de leurs tons orientaux et de leur persane splendeur. A peine l'une d'elles montrait-elle son cœur noir comme la langue bavarde des perroquets. Tout autour s'éplorait l'or poudreux des mimosas, et au pied, des roses anémiques languissaient sous les pleurs inutiles de l'arrosoir, compatissamment regardées par l'œil bleu des violettes de Parme et de Toulouse. Ce coin menteur de jardin avait je ne sais quel charme apprêté qui faisait, à la fois, plaisir et peine, comme ce qui reste de la beauté des femmes sur le retour. J'en emportai toutefois la vision obstinée pendant le reste de ma promenade dans la nudité des Champs-Élysées sans verdure où le pas des chevaux sonnait sec sur le sol gelé, avenue de squelettes d'arbres hypnotisés dans l'air chargé de neige, mélancolique souvenir des gloires estivales et des triomphantes toilettes montant vers les fraîcheurs du bois dans la rose caresse du soleil couchant. C'est là surtout que l'hiver est triste de tout ce qu'y furent doux le printemps et l'automne. Dans ma course qui faisait plus piquante encore la bise qui me soufflait au visage, l'image des tulipes contemplées un instant me suivait, comme le mirage d'un oasis, et arrêtait sa douceur dans mes yeux, celles-ci d'un rouge vif traversé de paraphes noirs, celles-là unicolores et du ton frais des bengales, une surtout presque blanche avec une moucheture de sang pâle, toutes pensives de ma propre pensée et portant, en elles, comme moi, les tristesses de l'exil. Car nous sommes les proscrits du soleil, nous qu'obsède, au cœur même des frimas, le rêve immortel de la lumière.

*
* *

J'ai vu Haarlem, la patrie des plus grands paysagistes du monde et des fous tulipiers. Des botanistes m'ont montré là-bas ces variétés fameuses qui s'appelaient l'*Amiral Dies-*

kem, le *Semper Augustus* et dont les moindres oignons valaient des monceaux de florins. Le nom de Clusius, l'importateur de la plante sacrée, est encore vénéré là-bas et maudit celui d'Edvar Forstius qui, nouveau Tarquin, fauchait d'une baguette impie les magnifiques parterres. Les légendes abondent là-bas sur cette fleur qui y fut passionnément aimée, comme une femme, avec des folies et des désespoirs. Il y en a de lamentables, comme celle du savetier qui avait enfin découvert la tulipe noire et qui mourut de chagrin parce qu'un jury jaloux en écrasa les caïeux devant lui. Voilà qui prouve qu'il vaut mieux quitter la cordonnerie pour diriger l'Opéra, sous l'œil paterne des commissions budgétaires, que pour se livrer à l'agriculture qui est moins directement protégée par l'État. Mais il y en a aussi de fort gaies parmi ces histoires. Celle-ci, par exemple : un malheureux matelot attendait patiemment son réengagement d'un riche armateur qui ne se pressait guère, comme ont coutume de faire les gros seigneurs vis-à-vis des petites gens. Seul, dans une salle où l'avait oublié le caprice du maître, l'homme aux flancs cuirassés d'un triple airain y sentit bientôt descendre une faim abominable. Il n'avait dans sa poche qu'un méchant morceau de pain. Mais sur une planche, et, dans un ordre admirable, de gros oignons étaient rangés. Il en prit un, le mordit et le rejeta, le trouvant amer. Il essaya ainsi successivement tous les autres. Quand l'armateur revint, le matelot avait mangé le plus clair de sa fortune, laquelle consistait surtout dans cette collection d'oignons uniques qu'il se disposait à vendre pour remettre ses bateaux à la mer. Plusieurs variétés introuvables de tulipes s'anéantirent dans ce désastre. C'est assurément un malheur, mais quelle admirable leçon pour tous les gens qui font faire antichambre au petit monde!

*
* *

Décidément, de toutes les tulipes que j'ai admirées là-bas, derrière le vitrage, et que je ne puis oublier, celle que je préfère est la blanche qui semblait comme éclaboussée de pourpre vivante. Celle-là évoque un poème que je lus autrefois, à moins que je ne l'aie inventé et que je préfère encore aux bavardages des botanistes hollandais. Il avait pour héros un prince persan, beau comme le jour et amoureux comme un fou, amoureux d'une de ces belles filles d'Orient qui portent, dans leurs cheveux, des reflets d'azur sombre semblant tomber des cieux nocturnes. Et, dans leurs yeux, un scintillement d'étoiles. Je crois même me rappeler qu'il s'appelait Hamsah, de par ma volonté, du moins, sinon de par l'histoire. Les princes de ce temps et de ce pays étaient poètes quelquefois, comme notre

Charles d'Orléans qui fut un des bons rimeurs de son époque, ce qui valait mieux que de faire guillotiner ses cousins, comme s'y appliqua un de ses petits-fils. Hamsah chantait, sur les rythmes les plus harmonieux, les mélancolies de son âme et les cruautés de l'adorée. J'ai même traduit, sinon simplement imité sans l'avoir connu, un de ses courts poèmes dans le sonnet qui suit :

> J'ai caché dans la rose en pleurs
> Les larmes qu'il faut qu'on ignore,
> Pour que la rosée et l'aurore
> Les confondent avec les leurs.
>
> Puissent-elles, à ses couleurs,
> Apporter plus d'éclat encore,
> Et puisse la main que j'adore
> La trouver belle entre les fleurs!
>
> Entre toutes la rose est celle
> Dont l'âme jalouse recèle
> Le mieux ses parfums au soleil,
>
> Et de qui la lèvre embaumée
> Garde le plus d'ombre enfermée
> Sous son beau sourire vermeil!

Mais bah! l'adorée se moquait bien des roses que le pauvre Hamsah cueillait pour elle. Elle était capricieuse comme toutes celles qui sont belles. Son caprice était l'amour de quelque fleur plus rare, plus sauvage et que ne possédât aucun jardin. L'idéal de la femme est le plus souvent dans ces inaccessibles fantaisies, dans ces rêves déraisonnables. Il est chimérique en diable, tandis que le nôtre, qui est vivant dans sa beauté, nous induit en courage et en sacrifices réels. Ses imaginations nous sont de véritables tortures. Un jour qu'elle se promenait avec Hamsah dans une campagne lointaine, elle lui montra, par delà un précipice, sur le bord escarpé d'un torrent qui courait sous une toison d'écume argentée, une plante étrange que surmontait une pointe brillante comme un bouton de lis. — « Voilà la fleur que je voudrais, dit-elle. Mais je vous défends de me l'aller chercher. » Elle n'avait pas fini qu'Hamsah avait plongé dans le gouffre, en sortait comme par un miracle, et violemment jeté sur l'autre rive, mourait la main tendue vers la fleur qu'ensanglantait la blessure de ses doigts déchirés aux rocs. Ces taches sacrées en avaient moucheté l'im-

maculée blancheur ; ces gouttes rouges avaient baptisé la première tulipe pareille à celle que je préférais dans le ridicule panier. Ma fable ne vaut-elle pas bien celle de ce misérable Narcisse

<blockquote>Dont les honteuses mains creusèrent le tombeau,</blockquote>

comme a fort bien dit le poète Henri Cantel? C'est décidément cette tulipe-là que je vais acheter pour vous, ma chère âme, cette tulipe blanche où coule le sang de l'amour. Si je n'ai pas la beauté du prince Hamsah, j'en ai, du moins, la tendresse et vous, vous êtes de tout point pareille à celle pour qui il fut heureux de mourir, puisque la nuit a mis ses ombres bleues dans votre chevelure et que vos yeux sont les étoiles qui mènent les bergers aux pieds des Dieux!

POÈME DE MAI

Vous ne voulez pas le croire, ma chère, mais nous sommes en Mai. Pourquoi ne le voulez-vous pas croire? Parce que les lilas ne sont pas venus sonner dans l'air des messes amoureuses avec leurs clochettes parfumées? Parce que le cœur des roses est encore enfoui dans son armure d'émeraude? Mais le mien, tout prêt à fleurir, me dit que le Printemps est bien là malgré la mélancolie du ciel et la pauvreté des premières verdures. Je suis fidèle aux dates comme le calendrier lui-même. Je vous jure que le temps est arrivé d'aller cueillir des bouquets dans l'herbe et de murmurer de douces choses à l'oreille sous l'ombre tremblante des arbres. Mais vos petits pieds se mouillent dans les gazons noyés de pluie et les marronniers n'ont pas encore ouvert leurs innombrables parasols que traversent des filets de lumière. Nous n'irons donc pas sur le bord de la rivière qui chante, comme au Mai de l'an passé qui ne nous fut, à tous deux, qu'une longue promenade dans les bois. C'est auprès du feu flambant encore que nous évoquerons la vision des riants paysages inondés de soleil, des eaux glissant sous un rideau d'argent et d'azur, des horizons mourants dans les vapeurs roses du soir. Si tout cela n'est pas autour de nous, que, du moins, tout cela soit en nous! Car tout cela n'est que le réveil des impressions qui sont la jeunesse et la saveur de la vie. Tout cela n'est qu'un sursaut divin de l'amour vers de nouvelles tendresses. Ah! les lilas et les roses nous ont trahis! Vous n'en recevrez pas moins, ma chère âme, l'hommage du jardin que je porte en moi et dont les floraisons sont infiniment plus fidèles que celles des autres parterres. Mes rimes imiteront de leur mieux la voix caressante des fauvettes sous l'épaisseur obscure des feuillées. Le trouble où me met votre beauté sera comme le frisson que le vent matinal fait passer dans les branches. Ecoutez plutôt :

*
* *

> A l'ombre douce de la nuit
> De tes cheveux l'ombre est pareille,
> Et la nacre des perles luit
> Aux fins contours de ton oreille.

De lis ton front est velouté ;
Sur ta bouche meurt une rose,
Car tout rappelle, en ta beauté,
Le teint de quelque belle chose.

Pour tes yeux seuls je cherche en vain.
Il semble qu'en eux se confonde
Le ton changeant qui fait divin
Le mirage du ciel dans l'onde.

Tous tes charmes ont leur couleur
Où mon cœur se complaît sans trêve...
Mais tes beaux yeux quelle est la leur ?
— La chère couleur de mon Rêve !

*
* *

Il faut nous souvenir, madame. Je ne vous demande pas de revivre avec vous les jours passés ; car ils ne suffiraient plus à ma vie d'aujourd'hui. Ma tendresse, sans cesse accrue, a senti se doubler en elle l'impatience du désir et la puissance des joies. Les bonheurs accumulés ont fait comme un lit de fleurs très profond et très élevé au bonheur que je rêve. En vous suivant, je me suis tout naturellement rapproché du ciel. Je plane très au-dessus des routes autrefois suivies et, si douces qu'elles aient été, votre bras s'appuyant sur le mien, je ne veux pas redescendre. L'abîme qui me tente est celui d'en haut, profond et plein d'étoiles comme vos yeux. Souvenons-nous cependant; mais pour être plus assurés que nos âmes se sont mêlées davantage et que tout ce qui nous fut doux nous serait encore plus doux maintenant. Ah! dans les sentiers silencieux où nous marchions l'un près de l'autre, où je buvais votre souffle, ma tête penchée vers votre tête, il me semble que si nous y revenions, mes lèvres n'y quitteraient plus vos lèvres. Ah! sur les gazons pleins de marguerites, où nous allions nous asseoir, quand le soleil déclinait derrière les grands arbres teintés de rouge et d'or, si nous nous retrouvions encore, la nuit nous surprendrait dans un embrassement sans fin. Les caresses que nous avons semées, nous les retrouverions grandies comme des plantes vivaces. Souvenons-nous! Souvenons-nous! Ceux qui sentent leur amour décroître ont, seuls, raison de chercher l'oubli. Celui que votre beauté m'inspire n'est pas de ces affections périssables. Il est en moi plus que moi-même, toute ma douleur comme toute ma joie.

*
* *

>Dans l'amour farouche où, sans trêve,
>Je m'abîme et dont je mourrai,
>J'ai mis l'orgueil désespéré
>D'un cœur qu'avait trahi son rêve.
>
>Car je porte au flanc gauche un glaive
>Invisible et si bien entré
>Qu'il s'enfonce, plus acéré,
>Quand ma lâche main le soulève.
>
>S'alourdissant sous mon effort,
>Il fouille plus avant, plus fort,
>Dans ma poitrine, jusqu'à l'âme,
>
>Et son poids grave dans ma chair
>Un nom, ton nom cruel et cher
>Qu'un jour écrivit sur sa lame.

*
* *

Mais vous ne m'écoutez pas, ma mie. Ah! femme que vous êtes! Comme, au fond de votre être, vous êtes bien plus à la Nature qu'à l'Amour. Tandis que je vous chante mes tortures et mes délices, vos yeux se perdent vers des lointains où ma voix ne parvient guère. Mes vers vous consolent mal des roses absentes et votre pensée est toute au regret des lilas attardés. Ce n'est pas flatteur pour moi. Mais patience! Si les fleurs de cette année viennent tard, peut-être dureront-elles plus longtemps, et vous verrez, comme moi, dont le dernier et tardif amour est le plus fort, qu'il est doux de respirer les parfums du printemps en automne!

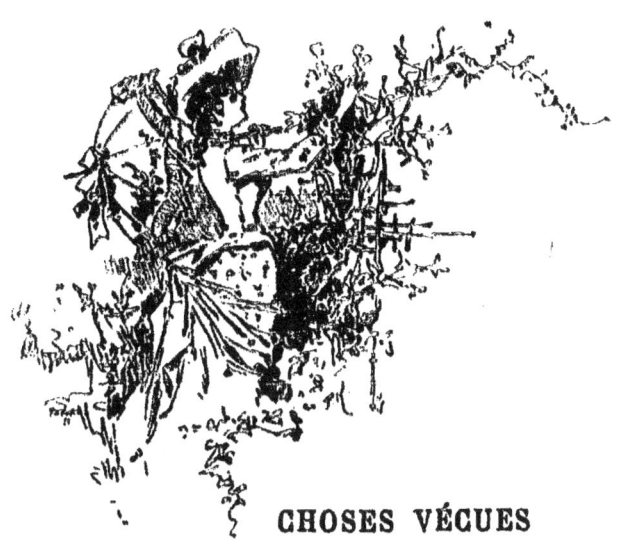

CHOSES VÉCUES

Il faudrait en finir cependant, madame, avec notre éternel sujet de discussion. Vous ne passez pas un jour sans me demander la fleur que je préfère, et comme je vous réponds tantôt : la rose ! tantôt : l'héliotrope ! tantôt : le jasmin ! suivant que c'est l'une ou l'autre qui meurt dans vos sombres cheveux, comme dit un vers célèbre de Coppée, ou qui palpite en haut de votre corsage au rythme harmonieux de votre souffle, vous en concluez que je n'ai aucune fixité dans les goûts et vous m'accusez très haut d'inconstance, vous à qui je me suis lié par une immortelle tendresse.

Vous allez jusqu'à me dire que je ne sais pas ce que je veux, ce qui est tout simplement une impudence de votre part. Car ce que je veux, vous le savez aussi bien que moi, et d'autant mieux que, seule, vous me le pouvez donner. Ah! ce que je veux, c'est... Non! j'ai juré d'être décent aujourd'hui. J'écris pour les académiciens et pour les demoiselles.

Où en étais-je vraiment ? Vous me troublez l'esprit avec des questions aussi inattendues. Eh bien! pour clore un débat qui a trop duré, je vous avouerai aujourd'hui cyniquement que je vous ai toujours menti. Non ! la fleur que j'aime le mieux, ce n'est pas la rose qui fleure comme votre bouche, ni l'héliotrope dont le bleu changeant et profond fait penser à vos yeux, ni le jasmin dont les blancheurs semblent être demeurées à vos doigts effilés ; ce n'est pas non plus la pivoine dont les pétales transparents vibrent au moindre souffle comme les ailes de votre joli nez latin, ni l'iris marin qui a les délicieux balancements de votre tête mutine, ni la glycine qui, massive et en grappes serrées, a les lourds frissons de votre chevelure, ni l'anthémis dont l'innombrable épanouissement et la gloire constellée n'a d'égal que le faisceau fleuri de vos grâces et de vos splendeurs. La fleur que je préfère, je ne sais pas son nom, — ni vous non plus sans doute, bien que vous soyez plus savante en botanique que moi ; — c'est une fleur à peine, une façon de petite herbe sauvage. Elle s'est trouvée prise dans la feuille de lierre que vous cueillîtes au bord d'une haie, quand je vous guettai pour la première fois et que vous pliâtes en deux pour la cacher dans mon portefeuille.

J'imagine que c'est quelque plante magique dont le voisinage ensorcela mon cœur pour jamais et vous le soumit par un mystérieux et inexorable pouvoir. Elle s'appelle pour moi : la Destinée ! c'est-à-dire : le Bonheur ! si cela vous plaît, ou : l'immortelle Détresse, s'il vous convient de me faire souffrir. Cela vaut bien, ce me semble, une appellation barbare de Linné ou de Jussieu !

.˙.

Nous en sommes à peine aux fraises, ma très chère et très belle aimée. Je crois même avoir fait rouler dans votre assiette les premières que le Midi nous ait envoyées. Vous avez déjà rêvé de cerises et vous m'avez signalé des framboises que vous croyez avoir vues chez un joaillier probablement. Mais moi qui habite les jardins, je puis vous assurer que vous en avez pour quelque temps encore avant de croquer des guignes sur le chemin de Montmorency et de voler dans les haies d'authentiques framboises. Contentons-nous donc des fraises pour le présent, des fraises d'un rouge plus vif, mais d'un parfum moins divin que vos lèvres.

Ah! laissons, je vous prie, chacune de ces joies gastronomiques, que nous garde le développement des saisons, venir à son époque. Il est imprudent de vouloir hâter l'heure toujours factice des plaisirs. N'en avez-vous pas trouvé un, fort cruel pour moi, à me faire attendre longtemps, longtemps, et jusqu'à me désespérer, un bonheur dont je faillis ne plus savoir porter le poids? Ce fut pour nous le temps des fraises de l'amour dans le bois mystérieux des espérances. Votre beauté m'apparaissait alors comme dans une de ces brumes printanières qui donnent aux splendeurs du renouveau un aspect flottant de rêve, je ne sais quoi d'enchanté où le désir s'ose, à peine, aventurer.

L'idée de toucher de ma bouche seulement

le bout de vos doigts me donnait le frisson, et l'odeur vivante de vos cheveux me grisait, rien qu'à effleurer votre joue. Nous avons goûté des joies très douces et très incontestables à ces innocentes caresses : joies pour vous à me faire souffrir, me voyant de plus en plus dompté, et joies pour moi-même à me perdre dans l'extase où me plongeait votre seule vue. Cela ne pouvait Dieu merci ! durer toujours. Mais vous avez sagement attendu que la félicité plus complète qui devait suivre l'immense félicité des tendresses sans réserve fût comme le fruit mûr qui se détache de la branche au moindre souffle. Patience ! Les cerises viendront aux chairs fermes, aux duretés virginales; puis l'égrènement de rubis des groseillers suivra; l'or rougira aux flancs veloutés des abricots; les raisins revêtiront leurs transparences nacrées; puis enfin la pêche apparaîtra dans les corbeilles, la pêche dont le duvet imperceptible fait penser à celui dont vos belles épaules sont parées. Nous ne sommes qu'au printemps, Madame ! n'appelons pas encore l'automne et gardons la douceur d'espérer jusqu'à ce que vienne celle de se souvenir !

II

CONTES D'ÉTÉ

FÊTE DES FLEURS

C'est un rêve que j'ai fait tout simplement au fond de mon jardin ; car il y a longtemps déjà que j'ai donné pour unique horizon à ma vie mondaine le rideau de peupliers dont les plis de verdure frissonnent au-dessus de mon mur intérieurement étoilé de pavots, vivant là les fêtes communes, tandis que leur rumeur m'arrive lointaine, lointaine et multipliée par les échos innombrables de la rivière. J'ai pris les foules en horreur pour la tyrannie bête qu'elles imposent à la marche, pour la curiosité banale qui les pousse en tous sens comme un torrent qui se déchire aux cailloux; mais j'en aime assez le bruit confus pourvu qu'une solitude douce m'en sépare, pareil à cela à l'égoïste qui, voluptueusement, écoute de son lit tomber l'averse dans la rue sur les têtes indifférentes des passants.

Non, vraiment, l'idée de tous les fiacres de Paris échangeant, dans la poussière d'un long chemin, des bouquets de trois sous n'était pas pour m'arracher aux délices de mon hermitage et au spectacle des fauvettes à tête noire à qui j'ai abandonné ma moisson de cerises. D'autant que nous autres, horticulteurs désintéressés des parterres de banlieue, nous ne sommes pas pour ces gaspillages de roses sous les pieds des chevaux. Nous avons la piété de ces magnifiques parures du sol qui n'en sont arrachées qu'en saignant empourprées comme d'odorantes blessures. Sur leur tige, elles apparaissaient comme des lèvres souriantes, s'entr'ouvrant, comme sur des dents sur les perles de la rosée.

Et puis, nous pensons au mal que chacune d'elles nous a donné pour grandir. Car l'état de jardinier dans le département de la Seine n'est pas une sinécure et je sais nombre de bacheliers qui seraient fort empêchés de le remplir, n'ayant pas dans l'âme ce je ne sais quoi d'ingénieusement agreste qu'a laissé dans le nôtre l'admiration du doux Virgile. Enfin ces orgies nous révoltent, nous qui ne consentons à cueillir une gloire de Dijon ou une Guilleminot que pour la voir refleurir au corsage de la bien-aimée, là où notre cœur lui-même, invisible, est suspendu, traversé aussi par une longue épingle d'or.

* *

Je n'en ai pas moins pris de loin ma part

de ce brouhaha bienfaisant et destiné à entretenir parmi les pompiers le sentiment du devoir. Il n'est pas malaisé de s'imaginer Paris débordant de sa ceinture, Paris envahissant le Bois, Paris grouillant sur les gazons brûlés, Paris rangé en deux files autour de ses citadines et de ses urbaines mises bout à bout, puis les orchestres bruyants des saltimbanques, l'envahissement des tentes où les garçons s'évertuent, rafraîchissant les boissons de la sueur de leur front; le tournoiement des chevaux de bois dans le hoquet des orgues mécaniques ; le roulement vertical des ballons captifs initiant les populations terrestres aux délices du mal de mer; les mâts et leur mince claquement d'oriflamme dans l'air traversé de rares brises ; les musiques militaires lançant à pleine volée leurs

> .... Concerts riches de cuivre,
> Dont les soldats parfois inondent nos jardins,
> Et qui, dans les soirs d'or où l'on se sent revivre,
> Versent quelque héroïsme au cœur des citadins.

Comme l'a si bien dit Beaudelaire, à qui

l'ingénieux Schérer ne devait trouver plus tard ni génie ni talent. Car ce Schérer merveilleux est bien autrement comique que les avaleurs d'étoupes du carrefour, et je serais fort capable de me déranger pour l'aller voir seulement passer dans le cocasse infini de son sérieux. Car il est, en littérature, de l'école de Léonce en théâtre et c'est sans rire qu'il débite ses plus amusantes bouffonneries.

Je vous dis que, de mon banc rustique où ma chienne noire me tenait compagnie, je me représentais, comme si j'y étais moi-même, cette tant mirifique cérémonie du bois de Boulogne, au point d'en voir circuler le promoteur parmi les voitures, en homme qui, tout petit, a eu l'habitude de fréquenter leurs portières. Et, tout doucement, l'illusion me vint si intense que, d'un geste mécanique et abandonné, je jetais d'imaginaires gratte-culs à un tas de vieilles hétaïres dont ma jeunesse a vu l'âge mur.

※
※ ※

C'est alors que l'idée me vînt, madame et belle lectrice, de vous proposer une chose absolument saugrenue ; traversant toute une bande de prairie, nous descendions jusqu'au lac lui-même dont ce défilé n'occupait que la haute rive. Accueillis avec enthousiasme par une bande de canards encore ignorants des petits pois qui les guettent dans leur gaine de soie verte, nous appelions un gondolier et, sournoisement, nous nous faisions conduire dans l'île qu'un chalet décore, dans l'île presque déserte où, plus heureux que Robinson, j'allais avoir une compagnie plus aimable que celle de Vendredi. Rebelles aux agaceries des garçons limonadiers, ventrés d'un tablier blanc comme les petites bonnes, nous cherchions quelque bosquet bien tranquille d'où nous voyions seulement, dans le découpage des feuilles et derrière une barricade d'ombre mouvante dans l'air et dans l'eau, se continuer dans la poussière lumineuse, à l'horizon et dans l'o ar tiède des beignets, cette théorie banale de promeneurs bariolés secouant autour d'eux des gerbes défleuries, éparpillant des pétales anonymes dans ce tohu-bohu.

N'oubliez pas que je continue à rêver, madame et chère lectrice, et n'allez pas vous offusquer du plaisir que je pris à regarder le petit bout de vos souliers mordorés à peine sortant des soies de votre jupe, comme de jolis oiseaux qui n'osent pas s'aventurer encore hors de leur nid. On n'a pas de raison pour se gêner en songe. Une fourmi bien avisée (Michelet n'en a pas dit encore assez sur le génie de ces insectes) vous piquait le mollet, et d'instinct, par un mouvement aussi imprévu qu'involontaire, vous portiez le bout de vos doigts gantés de suède à la partie blessée, soulevant un nuage de taffetas. Ce ne fut qu'un détail, quelque chose comme si l'ange biblique qui garde le seuil du Paradis interdit, posait un instant son épée flamboyante pour se moucher et laissait s'entr'ouvrir la porte défendue.

Combien le peu que je vis valait mieux que tout le spectacle de là-bas !

.˙.

Et, comme la nuit descendait, précédée des rouges adieux du couchant que clament, trop loin pour être entendus, d'immenses trompettes de cuivre, nous ne songions pas à quitter ce coin paisible, cette oasis de silence dans le bruyant désert des coudoyeurs inconnus, si bien qu'une ombre plus épaisse, coupée celle-là par les sillons d'argent de l'eau, palmes d'écume semblant glisser à la surface des lacs comme celles des triomphateurs que le temps emporte nous surprit toujours assis sur l'herbe, mais plus près l'un de l'autre, subissant, comme tous les êtres et comme toutes les choses, cet alanguissement des déclins. Cependant partout s'allumaient des girandoles; des colliers de grosses perles se brisaient, puis se renouaient, puis s'égrenaient silencieusement dans l'onde; des rosaires aux grains lumineux frémissaient sous d'invisibles doigts. L'illumination propice envahissait l'espace de ses caprices opalins et les musiques se réveillaient, plus vibrantes, dans l'air vide des clartés du jour. On valsait de l'autre côté, on valsait au pied de Métra devenu neigeux aujourd'hui comme les cimes du Mont-Blanc et secouant dans la brise enfin levée les divines harmonies de la *Vague* ou de l'*Espérance*. Car c'est un vrai poète que ce blanc et mélancolique garçon qui a plus écrit que personne, ce qui a suffi à lui constituer une grande réputation de paresse.

J'avoue, Madame et belle Lectrice, que mon rêve prit ici une tournure dangereuse à vous confier. Mais bah! puisque c'est toujours du mensonge!... Nous nous étions si bien rapprochés que vous me mordilliez délicieusement les lèvres dans un baiser qui ne finissait pas, dans un baiser « la saveur en la bouche », comme disait le bon poète Ronsard, au front couronné d'immortels lauriers... que voulez-vous! Il n'est rien, dans ce monde qui, mieux et plus que le vacarme des cohues, me donne le désir de quelque retraite à deux dans une Thébaïde au pied de laquelle cette rumeur vienne mourir.

J'ai rêvé encore qu'en me quittant vous m'aviez donné un magnifique brin de *vergiss mein nicht*, cette petite fleur qui regarde avec un œil bleu, un œil pâle et doux chargé de souvenir. Donc, non seulement j'avais eu ma fête des fleurs comme les autres; mais j'en avais gardé quelque chose, la mémoire exquise de votre toilette, Madame et honorée Lectrice, et de vos jolis souliers mordorés.

EN MESSIDOR

Le beau pommier si fier de ses
[fleurs étoilées,
Neige odorante du printemps !

Est-ce que vous aimez vraiment les fruits, madame? Je vous ai vue parfois mordre dans une pêche au velours ruisselant sous vos dents blanches, voire engloutir, avec de délicieuses petites mines, des fraises qui n'emportaient rien de la pourpre sanglante de vos lèvres, et même déchirer la chair d'or d'un abricot. Mais peut-être était-ce par pure condescendance? Moi je ne suis pas de l'école des gens qui gardent des poires pour la soif. Je préfère infiniment à celles-ci, par les vesprées altérées, la fraîcheur des sources susurrant dans l'épaisseur humide des gazons. La vraie raison d'être des fruits, c'est les confitures, quand la main délicate d'une femme y a mis son parfum.

Non? Vous n'êtes pas de mon avis? Vous aimez les fruits pour eux-mêmes, pour leur goût personnel?

Soit! parions cependant que si je vous disais : Vous ne mangerez cette année ni cerises, ni pommes, ni pêches même, mais les arbres qui les devaient porter demeureront comme ils sont aujourd'hui, tout en fête sous la blancheur de leur floraison printanière; tels ils vous apparaissent comme l'éparpillement d'une coiffure de mariée, tels ils resteront, en été, variant la profondeur épanouie des verdures; en automne, égrenant leurs perles sur le fond d'or sombre des feuillages rouillés. Oui, si je vous disais : le temps respectera cette parure divine de l'Espérance, et ces rameaux ne se dépouilleront pas de ce frileux et délicat ornement... — Eh! me diriez-vous, qu'il en soit ainsi! Vous aimez tant les fleurs, madame! Et vous êtes si peu gourmande, hélas!

Le fait est que rien n'est si beau au monde que les jardins en ce moment. Aux pêchers pendent encore des pétales d'un rose tendre; les cerisiers semblent, de loin, des arbres où, par touffes menues, le duvet de quelque cygne céleste s'est accroché; et voici maintenant que les pommiers s'étoilent, les pommiers dont la fleur, plus largement ouverte, semble les ailes d'un double papillon. Ah! cette floraison des arbres fruitiers, quelle note exquise elle met parmi les choses! C'est comme un ressouvenir charmant des neiges disparues. Neige odorante, comme l'a dit le poète; neige qui ne descend pas jusqu'aux fanges du chemin et qui s'envole, aérienne et impolluée, dans les souffles tièdes du soir!

.˙.

Ayant gardé, par ce temps d'indifférence, le goût obstiné des légendes paradisiaques, il m'arrive souvent de vous mêler, ma chère, à leur poétique mémoire. C'est ainsi que j'ai rêvé, cette nuit, que nous étions Adam et Ève dans leur premier séjour. Cette imagination m'était la plus aimable du monde. Car tandis que vous me conjuriez de passer un pantalon, pour ne me pas enrhumer, — et cela avec une tendresse dont les instances m'emplissaient de joie et de reconnaissance, — je goûtais, moi, mille délices sournoises et profondes à vous contempler dans le costume léger que l'air seul tissait autour de votre corps bien-aimé. Dût votre pudeur souffrir de cet aveu, je vous préférais ainsi, même en évoquant le souvenir de vos plus jolies toilettes. Vous aviez une façon de porter la nudité qui était un chef-d'œuvre d'aristocratie! Ah! je me fichais pas mal du motet délicat que la musique lointaine des anges dispersait, pour nous dans les brises, aussi bien que de la longue barbe du Père Éternel qui nous souriait dans un coin particulièrement lumineux de l'azur. Tout m'était égal dans cette splendeur des choses créées, tout hormis le beau ton nacré de votre chair, le rythme divin suivant lequel vos formes augustes sont modelées, le triomphe de vos seins tendant aux baisers des papillons une double fleur, la gloire de vos hanches où se brise le désir, l'ombre de vos cheveux où s'engloutit le rêve, la blancheur liliale de vos pieds où vient s'abattre le baiser. Ah! bien que là, sous le cœur, je sentisse encore une brûlure cruelle, je ne regrettais pas un instant la côtelette qui m'avait été volée par Dieu pendant mon sommeil et d'où tant de charmes étaient sortis! Et tandis que, muet d'extase je m'abîmais dans la délicieuse et véhémente contemplation de votre personne, j'écoutais, ravissement nouveau, le son de votre voix où chantait l'âme elle-même des sources et des oiseaux. Vous vous moquiez de moi comme à l'ordinaire, mais plus affectueusement que dans la vallée de larmes où nous avons coutume de nous promener ensemble, vous en robe traînante et moi en simple pet-en-l'air.

Oh! le Paradis, tel que je l'ai vu cette nuit, quel adorable endroit, ma chère! Plus d'ombre et plus de mystère que dans les bois mêmes de Vaucresson et de Saint-Cucufa. Pas d'auberge d'où l'œil poursuit les promeneurs sentimentaux!

Aucun lieu n'est si beau dans toute la Nature,

comme a dit Chénier en parlant des coteaux d'Érymanthe, très inférieurs cependant. Le Père Éternel, lui-même, n'était pas gênant. Au-dessus de nos têtes, un arbre immense dispersait ses lourds rameaux et s'épanouissait en un grand enchevêtrement de branches. C'était le fameux pommier. Mais aucun fruit n'y pendait. Il était bien plus beau qu'à l'heure de la tentation biblique : il était tout en fleurs.

***

Oui, plus beau, mais plus redoutable aussi. Car si je vous crois, madame, incapable de me tromper pour le don d'une rainette ou même d'un calvile, je vous crois infiniment plus accessible au présent d'une simple fleur que votre caprice eût souhaitée. L'auteur de la Genèse a mal connu la Femme. Ce n'est pas à mon appétit, mais à sa fantaisie qu'il faut toujours frapper, comme à une porte fragile et prête à s'ouvr' L'Ève de la Bible ressemble vraiment un peu trop à la Marguerite de Gœthe, laquelle ne regarde même pas le bouquet du pauvre Siebel, mais s'éprend bien vite de l'Inconnu qui a mis une cassette sur son chemin. Je trouve que la femme est calomniée dans l'une et l'autre de ces légendes. Je ne me défie, madame, que de celui qui vous offrira une rose juste à l'instant où votre rêve s'égarait sur un rosier. Je n'aime pas non plus beaucoup le colloque entre notre mère commune et un simple serpent; je le trouve également mal observé. Plus ingénieux et plus vrai, l'art païen a choisi un cygne pour tenter Léda, le cygne emblème, tout à la fois, de la grâce et de la force, le cygne qui a des ailes et peut emporter la pensée vers de lointains azurs. Je ne vous chicanerai pas d'ailleurs, madame, sur le choix de l'animal destiné à me rendre ridicule comme autrefois Adam et plus tard Joseph. Je vous avouerai cependant que l'homme serait encore celui qui me serait le plus désagréable. Avec un cygne, j'aurais, au moins, l'espoir que vous me pondriez des œufs frais, ce qui est bien une petite consolation. La première fois que l'obligeance d'un songe me ramènera, en votre compagnie, sous les ombrages parfumés de l'Éden qui, sans vous, n'en serait pas un pour moi, il est donc entendu que si vous succombez, ce sera entre les ailes d'un cygne qui vous aura apporté une petite branche de pommier fleuri. Ce sera bigrement plus poétique que dans la fable chrétienne, et je vous en excuserai davantage.

.·.

Mais le temps fuit durant que je vous conte mes imaginations nocturnes. Le temps fuit et, suivant le vol des pétales roses des pêchers, la neige des cerisiers et des abricotiers se disperse déjà, rien qu'au vent des flèches encore obscures du soleil. Ainsi les pommiers se déconstelleront bientôt, leurs étoiles se détachant une à une comme les astres d'un ciel désolé. N'attendez pas cet instant, madame, pour réaliser par pitié, par simple pitié, tout ce que vous pouvez du rêve où je me suis tant complu, par amour de vous! C'est le seul lambeau qui nous reste du paradisiaque décor où je vous vis sans voiles, durant ce rêve trop court. Tout le reste nous manque, l'orphéon mélodieux des archanges s'essoufflant pour nous dans les profondeurs de l'Infini, l'hommage des lions et des tigres venant se coucher à nos pieds, la barbe souriante du Père Éternel ruisselante comme un fleuve de lait descendant des collines d'azur de l'horizon. Mais si vous saviez comme je me moque de tous ces accessoires! Le pommier fleuri me suffit. Et encore me passerai-je parfaitement du pommier si son ombre ne vous est pas nécessaire pour dévêtir votre auguste beauté. Car le vrai paradis, il est là, ma chère, dans le spectacle de votre personne nue autant que le permettait l'envahissante splendeur de vos cheveux dénoués et vous faisant un manteau vivant. Et ce paradis-là est en vous, et vous seule êtes l'ange impitoyable qui en gardez l'entrée contre l'affolement de mes désirs. Il ne dépend pas de moi de me déguiser en cygne, pour me tromper moi-même. Mais dites-moi la fleur que vous voulez, vous qui n'êtes ni Ève ni Marguerite, et qui aimez les fleurs plus que tout !

BATEAUX ROUGES

I

Au fond d'une petite mauvaise caisse en bois que je croyais vide, en remuant des vieilleries où un peu de tout ce qui fut ma vie est resté, bouquins jetés au rebut, bouquets autrefois baisés et qui ne me rappellent plus aucun nom, anonymes souvenirs qui n'éveillent plus rien dans mon âme, j'ai trouvé... devinez quoi..? un jouet de mon enfance, mon jouet favori, un petit bateau aux mâtures brisées, à la voile déchirée, à la carcasse lamentable et mignonne, comme celle d'un oiseau mort. Comment cette relique ridicule m'avait-elle suivi au hasard des déplacements et des exils, à travers la vie troublée qui fut la mienne, pleine de séparations, de départs éplorés et d'adieux? Je n'en sais rien vraiment, moi qui ai égaré mes plus beaux livres, mes objets d'art les plus chers et qui suis comme un roc mélancolique entouré d'épaves et de naufrages flottants. Non, je n'en sais rien vraiment, et l'attendrissement que m'a causé sa découverte est pour me faire croire à quelqu'une de ces fatalités douces qui, de bien loin, inattendues et furtives, viennent nous toucher au cœur.

Ce navire en miniature, il est comme une image gravée à la première page du livre dont bien de feuillets encore me restent peut-être à parcourir. Il a la solennité bête des mauvaises gravures sur bois. Je le trouvais charmant dans ce temps d'enthousiasmes faciles et j'admirais surtout sa coque d'un vermillon aigre, criard, implacable dont les tons vifs se sont amortis aujourd'hui et ne sont plus qu'une façon de réseau sur la peinture écaillée. De petits canons en bois étaient collés aux sabords figurés par des trous noirs mal dessinés par un inhabile pinceau. Ah ! que de belles heures ont vogué sur ce vaisseau en caricature ! Que d'heures douces et baignées de soleil levant comme les pétales de roses qui s'envolent aux premiers souffles du matin !

Ce joujou qui pouvait bien avoir coûté cinq francs à l'oncle généreux qui me l'avait donné pour mes étrennes était un objet d'envie pour tous les jeunes polissons dont je faisais ma compagnie ordinaire. Ce n'était qu'à mes meilleurs amis que je permettais d'y toucher. Les plus chers seulement, je les emmenais en cachette vers quelque coin, bien secrètement enfoui sous les saulaies de la petite rivière, pour y tenter, avec eux, d'impossibles navigations. La mise à l'eau du bateau était une cérémonie d'une importance sans égale. Nous étions deux ou trois à genoux pour le poser en équilibre sur les mille petites rides d'argent qui l'allaient bercer. Il était un peu rouleur de sa nature, comme on dit en canotage, et le poids lui manquait absolument pour fendre le flot minuscule et pourtant paisible à qui je confiais cet *animæ dimidium meæ*.

On descendait de ce côté, à la rivière par une pente douce, mais sans verdure, le sol y étant souvent foulé par les sabots des lavandières et les rudes pas des chevaux qu'on y menait boire. Elle était couleur de terre mouillée avec des petits cailloux luisants. L'autre rive, au contraire, qui bornait une admirable prairie, était émaillée de marguerites

blanches et de rouges coquelicots, et de mille
autres fleurs encore, sauvages et charmantes,
celles-ci en grappes violettes, d'un violet pâle
et très doux, celles-là en forme de clochettes
qui semblaient sonner la messe silencieuse
et parfumée d'encens du printemps. Bien
qu'attaché solidement à une longue ficelle
qui nous permettait de le ramener à nous, en
cas de naufrage, notre bateau allait quelquefois assez loin de la berge d'où nous suivions
ses évolutions, avec l'attention d'un conseil
d'amirauté. C'était les jours où un peu de
vent emplissait sa voile et mettait dans sa
course quelque fantaisie. Ces lointains voyages à la découverte d'îles formées par de
hauts bouquets de roseaux, d'archipels cons-
titués par la floraison étoilée des nénuphars,
de récifs dont un tronc de saule mort faisait
tous les périls, nous rendaient haletants et
nous mettaient dans la gorge de petits cris
d'angoisse. Nous avions une ambition cependant et, plus qu'aucun autre, moi, le pro-
priétaire de l'embarcation, je méditais cette

chose hardie que mon bâtiment traversât la rivière tout entière, dans sa largeur complète, et allât aborder dans cette façon de paradis terrestre qui était à l'autre bord, et dont nous voyions seulement, de loin, les anthémises, les pavots, les gazons merveilleusement embellis par une flore agreste, exubérante, aux mille couleurs et aux mille enchantements.

Hélas! jamais un souffle favorable à cet impérieux désir ne poussa le petit bateau rouge jusqu'à ce rivage que mon imagination emplissait d'un mystère charmant et féerique.

Ce petit bateau rouge est brisé; il est demeuré la fidèle image de mon rêve!

II

Jamais la mer ne m'avait paru plus belle. Très calme, elle semblait, de la jetée au pied des dunes, une immense pierrerie passant des transparences de l'émeraude aux opacités azurées de la turquoise, partout traversée d'un scintillement d'étincelles. A peine quelques vagues venaient-elles accrocher aux galets leur chevelure d'argent qui se divisait bien vite comme un écheveau trop léger. Jamais sérénité si grande n'avait habité le flot. Au-dessus, le ciel, d'un ton très fin, presque gris, était bordé, à l'horizon, par une large bande de brume d'un violet pâle qui mettait un reflet d'améthyste sur tout cela.

Les voiles se faisaient de plus en plus rares, les barques s'éloignant pour la pêche nocturne ; elles ne semblaient plus que des ailes de mouettes rosées par le soleil couchant et quelques-unes pareilles à des ailes d'ibis. Un grand vaisseau qui avait été visible tout le jour, se perdait dans la buée profonde et lumineuse qui bientôt allait confondre la mer et le ciel comme deux lèvres dans un baiser.

Vous étiez assise à côté de moi, ma chère âme, et vous rêviez comme moi, devant ce magnifique paysage. Tout à coup, le soleil, qui avait disparu, depuis un instant, derrière le rideau de nuées qui semblait un rempart dressé sur l'horizon, le perça de sa clarté rouge et sans rayons. On eût dit un trou de feu béant dans le ciel, une blessure large et ronde et pleine d'un sang vermeil, le cœur du monde arraché et pendu en l'air, comme à l'étal d'un boucher. C'était terrible et superbe à la fois. Mes yeux cherchèrent les vôtres et j'y trouvai l'apaisement d'un firmament plein d'étoiles.

Cependant le nuage blessé reprenait le combat et l'ombre révoltée s'acharnait à l'astre un instant triomphant. Le magnifique globe se déforma soudain et ne fut bientôt plus qu'une bande éclatante, une déchirure dans le linceul de nuit qui l'enveloppait. Chose étrange et qui vous frappa autant que moi! Cette déchirure avait la forme d'un bateau, d'un bateau de flammes voguant sur les vapeurs comme sur une autre mer. Ce navire flamboyant perdu dans l'immensité, m'apparut comme le vaisseau qui emporte nos rêves vers l'infini, nos tendresses vers le néant et que colore la fleur vivante et pourprée de nos veines; comme le navire à qui nous confions plus de la moitié de notre âme, nos aspirations suprêmes et nos désirs désespérés. En vain il tentait de monter plus haut dans le ciel sur le dos écumeux des nuées, ou de s'enfoncer plus avant dans l'horizon, poussé par le vent amer qui soufflait de la rive. Il demeurait immobile, rivé au flot qui semblait le porter et qu'on eût dit figé autour de lui comme les flots d'une mer de glace. Ainsi, pensai-je, le meilleur de nous reste suspendu entre la terre et le ciel, attaché au roc comme par une ancre invisible. Et peut-être, pensiez-vous comme moi, ma chère âme. Car une grande mélancolie était dans vos yeux profonds et d'un vert changeant comme celui de la mer.

Les choses du ciel ont-elles donc aussi leurs naufragés ! Soudain le vaisseau de feu que nous emplissions du fantôme de nos pensées fut comme traversé par une raie d'ombre qui le sépara en deux. On eût dit une lame qui le coupait dans toute sa longueur. Et ce ne fut plus qu'une double épave, toujours lumineuse, mais comme mordue et rougie par la Nuit et s'amincissant sous le travail destructeur des éléments. Bientôt deux fils parallèles seulement et vibrant comme les cordes douloureuses d'un violon.

Puis, rien ! Rien que la nappe obscure, tranquille et vaguement violette qui s'élevait, comme une muraille flottante au-dessus de la nappe d'émeraude pâle et comme jonchée de palmes d'argent qui éclaboussait la mer où le vent du soir faisait passer de vagues traînées de lumière.

Quand le temps aura brisé la barque fragile et lumineuse qui emporte nos amours vers la même douleur et nos tendresses vers le même adieu, vous vous rappellerez, comme moi, n'est-ce pas? madame, la vision que nous eûmes ensemble de ce soleil couchant et déchiré, pareil à un vaisseau de flamme tentant en vain le voyage impossible du ciel!

AU
PAYS DES RÊVES

Nous avions regardé, durant tout le jour, l'eau rayer le ciel. Pas une éclaircie depuis l'aube, pas un entr'acte à ce long drame aquatique. L'uniforme spectacle de la pluie se précipitant en averses ou s'étalant en lentes ondées ; le bruit monotone des gouttes fouettant les vitres; l'impression mélancolique d'une grande ville inondée et dont tous les toits pleurent sur tous les pavés. Ce devait être affreux pour les piétons qui pataugeaient dans les poudres délayées de la circulation dominicale, pour les chiens sans maîtres qu'on chassait des seuils entr'ouverts, pour les petits vagabonds dont les mains impatientes des passants repoussaient le chapeau tendu. Mais de tous les malheureux de ce temps néfaste, vous ne plaigniez absolument que les fleurs des jardins aux calices pendants, aux corolles alourdies. Car votre pitié s'en va plus volontiers aux roses qu'aux cœurs souffrants. Vous êtes meilleure aux plantes qu'au pauvre monde. On dirait que l'âme de la déesse Flore habite votre jolie poitrine et respire dans votre souffle embaumé. Ah! que vous étiez triste du sort des géraniums, des clématites et des chèvrefeuilles qui n'osaient s'ouvrir!

Durant ce temps, des gens futiles couraient le grand prix et amélioraient la race chevaline en lui enseignant l'art de lutter avec le canard. Vous verrez qu'on mangera du cheval aux petits pois, cette année, dans tous les restaurants de banlieue. On imaginera même le cheval à la Rouennaise pour les gourmets. Beaucoup de belles et honnêtes dames étaient en train de gémir sur leurs toilettes enfouies au fond des voitures. O vanité des futurs enivrements ! En vain la mode avait inventé, pour cette journée fastueuse, de nouveaux chefs-d'œuvre. Impossible d'exhiber ces merveilles. Seule la Vérité devait rire au fond de son puits, la Vérité éternellement nue et que j'aimerai toujours, rien que pour le choix de ce costume qui vous va si bien. Vous voyez clairement, n'est-ce pas, en cette circonstance, le néant des falbalas et l'inanité des jupes. Ce sont stupides inventions de couturières et de personnes mal faites. Si vous jetiez un peu vos robes par les fenêtres?... Mais non, vous ne le ferez pas !... Donc nous avions regardé, ma chère, toute la journée l'eau rayer le ciel gris.

⁂

Nos rêves nous viennent, le plus souvent, des impressions du jour évanoui. Rien d'étonnant donc à celui que je fis et que je vais vous conter, durant que vous peignerez votre longue chevelure, ce qui me permettra d'être prolixe. Car il faut un long temps à cet océan d'ombre pour s'étendre en flux pesant sur vos épaules, et remonter en reflux jusqu'au-dessus de votre nuque ambrée. Pour être le plus naturel du monde, mon songe n'en est pas moins curieux et mêlé d'imaginations surhumaines. Dieu ne m'apparut-il pas! Mais un Père Éternel à la moderne, ne portant plus la longue barbe blanche dont les peintres ont sensiblement abusé; un Jéhovah rasé comme un comédien, ce qui n'a d'ailleurs rien que de logique, puisque les gens de théâtre sont certainement les dieux de cette époque. S'il eût été seulement en trois personnes, j'aurais cru à un troisième frère Lyonnet. Il avait gardé d'ailleurs toute l'autorité d'un premier rôle dans la comédie de la création, et je crus entendre le magnifique et suave organe de Coquelin lui-même quand il me dit sur un ton de protection :

— Je viens de commander un nouveau Déluge, en ayant assez de l'humanité, mais je te sauverai.

— Vous savez, Seigneur, lui répondis-je avec franchise, si vous ne sauvez pas, en même temps, ma bonne amie, je refuse ma grâce. Vivre sans elle me serait mille fois plus douloureux que mourir.

— Tu es un bon Jobard, reprit le Maître du monde en riant; je te jure qu'elle vivrait fort bien sans toi et se ficherait pas mal que tu meures. Mais c'est peut-être pour ta naïveté obstinée avec les femmes que je t'aime ; je la sauverai aussi pour qu'elle continue à se moquer de toi. Tu sais ce qui te reste à faire?

— Je ne m'en doute pas, Régent des étoiles.

— Rappelle-toi l'exemple de Noé.

— Quoi, vous voudriez, Inventeur du soleil, que je me grise comme un portefaix et que je montre mon derrière à mes fils? Et comment le ferai-je, Dieu de bonté, vous ne m'avez pas donné de postérité?

— Noé ne se contenta pas de cet acte de mansuétude paternelle. Ne te souviens-tu plus de l'arche?

— Il faut que je construise un immense bateau pour m'y installer durant quarante jours avec mon adorée et une partie de toutes les bêtes créées?

— Tu n'emporteras avec toi que les animaux qui te plairont.

— Ce sera vite fait; notre cage de serins me suffira.

— Je te préviens que tu auras l'air d'un concierge qui déménage. Mais que te peut faire l'opinion publique, puisque tu subsisteras seul de la déplorable espèce à laquelle tu appartiens !

— J'aimerais bien, Seigneur, que vous me permettiez d'emmener un domestique. Je consentirais à la rigueur à brosser les mignons souliers de celle que j'aime; mais les miens, jamais !

— Va pour un valet de chambre, mais rien qu'un; tu le choisiras à ton gré. Adieu, je vais me faire raser. Si tu savais ce que la société des élus est embêtante ! Ah ! si je n'avais pensé qu'à la gaieté de mon Paradis, j'aurais bien mieux fait d'encourager le vice que la vertu.

Et sur cette pensée morale, Dieu disparut, en imitant le petit bruit enchifrongné des narines de M. Delaunay.

*
* *

L'arche était achevée. J'avais choisi le bois de rose, parce que je sais que vous l'aimez.

L'intérieur était confortable avec des portières et des tapis partout, et je vous avais ménagé, à la poupe, une serre pleine de fleurs admirables, un véritable jardin. Au moment où nous allions nous embarquer :

— Et François? me demandâtes-vous.

— Qui ça, François?

— Mais le valet que vous m'avez promis. Je vous ai dit que je voulais l'appeler François!

— Bon! m'écriai-je; il est encore temps.

C'était bien juste. Le déluge commençait; les cataractes du ciel s'étaient ouvertes; la nue s'effondrait sur l'effroi de tous les êtres vivants. Les monuments étaient déjà submergés. Un malheureux s'agitait à la cime d'un paratonnerre ; je lui jetai une corde et je l'embarquai, mouillé comme un chat de gouttière. Au lieu de me remercier, comme j'y avais droit, j'imagine, il s'écria d'un air de mauvaise humeur :

— Allons, bon! et mon exemplaire du budget de 1887 que j'ai oublié!

Quand je lui proposai de nous aider à

mettre le couvert, car j'avais une faim horrible après ce gigantesque travail, et vous-même vous m'aviez promis de manger une aile de poulet.

— Ah bien! dit-il, j'ai d'autres chats à fouetter. Et mon amendement sur la question des sucres! et ma commission des princes! et mon discours sur les crédits de Madagascar!

L'illusion n'était plus permise. Nous n'avions pas eu de chance. Nous étions tombés sur un animal politique. Il confirma notre pronostic douloureux en dévorant comme quatre, sans avoir contribué en rien à la confection de notre repas. Ne voulait-il pas vous chipper votre aile de poulet! Nous nous dîmes tout d'abord : Voilà une bouche inutile! Mais nous pensâmes plus tard : C'est une bouche nuisible! quand il recommença à parler.

Car, à peine gavé, il reprit son abominable et nauséabond bavardage; il nous étourdit de ses emphatiques propos; il nous révolta de son mauvais français; il empoisonna nos paisibles entretiens de ses billevesées progressives et sociales. Nous tenions bon, cependant. Enfin, il fit déborder le vase de notre mansuétude en s'asseyant lourdement, dans la serre, sur votre plus beau massif de roses et en asphyxiant un de vos serins avec la fumée de son cigare. Vous me fîtes un signe terrible. J'avais ménagé, à deux pas de là, une trappe pour le nettoyage de l'arche. Je le poussai affectueusement de ce côté et je le fis basculer traîtreusement dans l'Infini, qui se referma sur lui en éternuant. Nous étions déjà à une hauteur si considérable, toujours soulevés par le flot montant, que j'entendis chuchoter entre elles deux étoiles jalouses de vos yeux.

*
* *

Mais que la vie nous devint douce, ma chère, une fois débarrassés de cet hôte fâcheux! Entre le parfum des fleurs et le gazouillement des oiseaux, nos jours s'écoulaient exquis, suivis de nuits plus exquises encore. Une seule pensée nous préoccupait : c'est que cela n'eût qu'un temps et que ce bienheureux déluge ne pût durer toujours. Nous étions parvenus à une telle élévation que les astres étaient obligés de retirer leurs rayons sous eux, comme une dame rocoqueville ses jupes sous son derrière afin que le bout n'en fût pas mouillé. Une imprudente comète, qui voulut vous contempler de trop près, eut la queue complètement éteinte, ce qui fit énormément rire les constellations voisines. Votre beauté fut universellement acclamée par les planètes, et Jupiter composa même en votre honneur quelques vers qui tonnèrent dans l'immensité avec un grand retentissement de trompettes. Je ne me rappelle que les deux derniers, dont la rime nous paraît insuffisante à nous que la science de mon maître Banville a pervertis. Mais à ces hauteurs sidérales les assonnances prennent de telles ampleurs tonitruantes, que l'oreille est bien moins difficile :

> Par de mortels attraits, je vais, astre vaincu,
> Durant l'éternité rêver à votre dos.

Ce qui n'est vraiment pas mal pour une sphère de lumière très vieille et qui a déjà beaucoup roulé. Oh! oui, j'étais heureux, mignonne, dans cette solitude que vous emplissiez seule de votre chère présence et de votre chère voix dans ce désert en miniature suspendu entre deux abimes ! Désert ! non ; mais oasis toute parfumée de votre haleine, toute frissonnante des fraîcheurs de votre beauté. Et ce Paradis édifié sur des ruines, cet Eden surnageant au-dessus de l'anéantissement universel ne suffisaient-ils pas, puisqu'il abritait l'amour sauvé et l'emportait jusqu'au lyrique séjour des immortelles poésies, dans des immortelles étoiles !

Une ombre d'ailes passa soudain sur mes paupières fermées. La colombe sans doute qui m'apportait, comme à feu Noé, le rameau d'olivier au sortir de l'arc-en-ciel triomphal. Pont de lumière jeté entre la terre suppliante et le ciel miséricordieux... Non! l'heure implacable du réveil qui me présentait, oiseau maudit, une plume dans son bec, la plume avec laquelle je viens d'écrire ces lignes véridiques, où le plus heureux de mes rêves est conté.

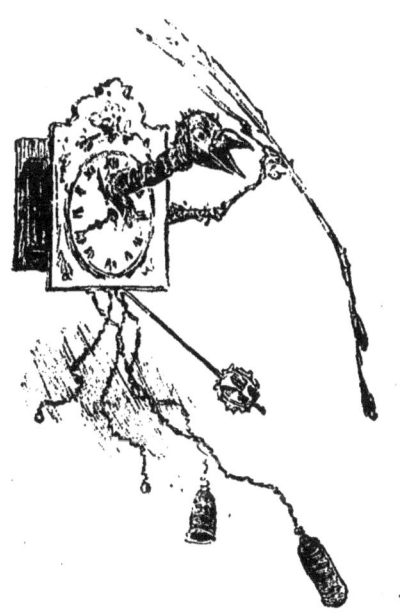

NUIT BLANCHE

Une atmosphère pesante où s'amassent les prochaines ondées; un ciel si lourd que la masse profonde et obscure des arbres semble le soutenir avec peine; un air tiède tout chargé de l'agonie des fleurs, fade, avec des relents de roses mortes. Impossible de dormir dans cet énervement douloureux des choses à la fois impatientes et craintives de l'orage. Je me résigne à ne plus fermer les yeux et je pense à vous, ma chère âme, dont le souvenir me fait l'heure plus rapide que le sommeil.

Vous rappelez-vous le premier bouquet de roses moussues que je vous apportai dans sa large et humide collerette? Les roses étaient rares déjà; nous étions en septembre et vous portiez une délicieuse robe bleue qui se modelait aux souples beautés de votre taille, mêlant des transparences d'ambre, sur votre poitrine, à des coulées de lapis clair. Vous m'avez grondé, mais quand je vous ai quittée, vous m'avez donné une des fleurs de la gerbe, la moins ouverte pour qu'elle durât plus longtemps. Puis chacune de vos lettres contint le pétale encore flexible, odorant, et comme vivant d'une rose. Il n'en est guère dans mon jardin dont je n'aie déchiré le cœur pour vous répondre dans le même langage. Hélas! Bientôt les ondées éparpillèrent dans l'herbe leurs feuilles mouillées. C'était une des poésies de notre amour qui se brisait et que le vent emportait.

Mais d'autres printemps l'ont ramenée plus vivace et plus fidèle.

Nous approchons de la même saison, celle où je vous ai connue. Bien des roses sont déjà mortes, mais des boutons sourient encore sur les tiges. Et puis, quand il n'y en aura plus, je cueillerai, pour vous, les hauts dahlias fous et serrés comme les ruches tuyautées de vos dentelles, des marguerites blanches et des marguerites d'un violet tendre dont le demi-deuil a quelque chose de charmant et de mélancolique comme la tristesse presque consolée d'une veuve. Et puis après?... Après, j'ai peur. Car, je m'en souviens, quand je vous offris, en tremblant, mon premier présent, vous avez fait plus attention à mes roses qu'à moi-même, et peut-être est-ce leur souvenir seulement que vous avez aimé.

. . .

J'ouvre ma fenêtre pour regarder la nuit. Le temps s'est levé.

De petits nuages blancs traversent le firmamament, se frangeant d'orange aux approches de la lune. Les saintes mélancolies, que l'homme moderne a voulu chasser de sa vie, revivent dans tout ce qui lui vient du monde extérieur. Quoiqu'il fasse, il n'empêchera jamais la mer de gémir aux confins du monde qu'il habite, ni le ciel de rouler sur sa tête, avec le char des astres et l'avalanche des nuées, les préoccupations de l'infini et les tristesses du souvenir. C'est ainsi que, dans votre vol pâlissant, étoiles sous qui s'allumera bientôt le formidable bûcher de l'aurore, je cherche les images ailées des bien-aimées

d'autrefois, de celles qui ont pris un peu de
ma vie et l'ont emporté sur d'autres routes
que la mienne. Vos yeux de lumière s'attendrissent
pour moi, et des regards s'y rallument
qui descendent jusqu'à mon cœur;
bientôt votre rayonnement n'est plus qu'un
scintillement de larmes et c'est un baiser
que le premier souffle de l'aurore m'apporte,
après avoir effleuré vos lèvres de feu. Dans
le lent tourbillon qui vous entraîne, je vois
passer mes ivresses et mes fureurs, les flèches
brisées de mes désirs et les fleurs souillées
de vos trahisons, tout ce qui fut mon
âme et votre jouet éparpillé en fugitives étincelles,
balayé par l'inexorable vent des destinées.

O joies amères que la Beauté donne et reprend,
mortelles extases de l'amour que le
temps mesure à notre faiblesse, frisson divin
que la chair de la femme met à notre chair,
infini menteur dont elle fait éclater notre
âme, aiguillons de feu que son regard plante
dans nos reins, tortures indicibles de la pas-

sion immortelle, je vous sens renaître aux silences de cette nuit étoilée, aux splendeurs mystérieuses de ce ciel où les flammes éteintes se sont rallumées !

Cependant une nuée de vapeurs blanches monte à l'horizon. Dans un instant le jour gravira les premières marches encore obscures de son escalier de feu. Un à un les astres craintifs vont s'envoler devant le rayonnement d'argent de son armure. Je salue la dernière étoile obstinée au manteau flottant du ciel. C'est Vénus, comme si tout devait proclamer, dans ma pensée, qu'alors que tout s'évanouit comme un rêve, le culte de la Beauté et les chers supplices de l'amour assurent au souvenir une immortalité.

> Sous l'aile blanche du matin,
> Toute la terre se recueille ;
> Un frisson passe de la feuille
> Du chêne à la feuille du thym.

> Tandis que pâlit la grande Ourse,
> Descend un long frémissement
> De l'œil profond du firmament
> A l'œil entr'ouvert de la source.

Ainsi, partout, autour de moi,
Comme un torrent tombant des cimes,
Roulant des faîtes aux abîmes,
S'étend l'universel émoi.

Il n'est que mon cœur solitaire,
Loin de tes yeux, aux morts pareil,
En qui ne vibre aucun réveil,
Quand tout se réveille sur terre !

PARAPHRASE

Pour charmer mes heures moroses,
Je chante, le cœur plein de vous :
Ce n'est pas aux lèvres des roses
Qu'est le sourire le plus doux.

J'évoque vos candeurs insignes
Et vos virginales fraîcheurs :
Ce n'est pas au cou blanc des cygnes
Que sont les plus pures blancheurs.

Je vous vois passer sous les branches
Sur vos noirs cheveux se penchant
Ce n'est pas aux yeux des pervenches
Qu'est le regard le plus touchant.

Votre image, en tous lieux suivie,
Seule, brille à travers mes pleurs
Tout ce que j'aime dans la vie,
Ce n'est ni le ciel ni les fleurs !

∴

Heureux ceux que n'atteint pas la mélancolie des spectacles trop beaux et qui, pareils aux moineaux francs ébouriffés de bien-être dans un rayon de soleil, se grisent sans amertume de la gaieté triomphante des choses. J'ai beau remonter aux heures de ma jeunesse les plus insolentes d'espoir, j'y trouve une tristesse involontaire et fatale devant les gloires de l'été. Mes yeux se sont toujours blessés à l'azur froid d'un ciel implacablement pur et, comme la neige, sans cesse traversé d'étincelles. Il n'est pas jusqu'à l'éblouissement des jardins que les fleurs font pareils à d'immenses et vivantes joailleries qui ne m'offense par sa richesse. J'ai bien les grands bois où l'ombre amortit toutes ces splendeurs, les bois dont le mystère rêve au bruit murmurant des sources. Mais cette vigueur excessive et débordante des sèves, ce rut innombrable des verdures jaillissantes en tous sens m'irrite encore secrètement. Non! Tout ce décor-là est trop beau pour la vie humaine! La pièce ne vaut pas ce luxe et cette magnificence d'accessoires! Nous sommes comme des acteurs impuissants dans cette admirable féerie, comme des génies aux ailes coupées et qui ne portent plus que des étoiles éteintes au front! La nature n'a plus besoin de se faire si belle pour nos amours dégénérées, pour nos passions sans colère! La grande résignation des automnes vaut mieux au déclin de nos rêves, à l'attiédissement de notre sang. Oui, l'été, dans son éclat sans merci me navre. Il dresse un temple vide, inutile et comme funéraire aux dieux depuis longtemps envolés. Il nous apporte l'ironie d'un Eden entr'ouvert seulement et nous emplit d'aspirations décevantes. Adorer, dans un retrait silencieux, et sous la transparente douceur d'une nuit factice, la beauté nue de la femme, seul lambeau d'idéal pendue devant nos détresses, me semble le seul emploi logique et consolant de ces longues, admirables et funèbres journées brûlées par un désolant soleil !

***

Fou de printemps, ton cœur s'étonne
De me voir, prophète attristé,
Penser quelquefois à l'automne,
Sous les premiers feux de l'été.

Oui, je pense, en voyant les roses
Ouvrir leurs vivantes couleurs,
Que l'aile des autans moroses
Effeuillera toutes les fleurs.

Que, des feuillages où tout chante,
Tous les oiseaux seront bannis,
Et que, sous l'averse méchante,
Se briseront les pauvres nids ?

Va ! que l'autan ouvre son aile !
Que l'averse attriste les cieux !
De l'An la jeunesse éternelle
Reste sur ton front gracieux.

***

Comment cela s'est-il fait? Mais c'est en automne que, par deux fois — les deux seules de ma vie, — j'ai vraiment commencé d'aimer. Le printemps me poussait aux tendresses faciles et me fut toujours un aimable pourvoyeur de belles filles, mais vite oubliées. J'ai dit quelle déception l'été est pour moi. L'automne m'est fatal ou précieux, suivant que je pense aux grandes joies que j'ai eues ou aux grands martyrs que j'ai soufferts. Car l'Amour est invariablement fait de ces deux choses. Est-ce le grand attendrissement qui me venait de tous les déclins, et que subissent tous les êtres ayant un semblant d'âme, qui me faisait le cœur prêt à recevoir une plus durable empreinte, comme une cire amollie où les sceaux s'impriment plus profondément? Toujours est-il que c'est sous un ciel embrumé, devant un paysage s'effritant en poussière d'or, à la lumière des couchants rayés de cuivre et de topaze, que mes rêves obscurs sont devenus de puissants désirs, que j'ai senti ma chair mordue par l'inexorable, despotique et exclusif besoin d'une autre chair. Saison redoutable et charmante! Je lui ai dû des années pleines de larmes et de caresses, les seules que je veuille compter dans ma vie. Car de tout le reste je ne sais plus rien. Je te pardonne et je t'aime, pâle soleil d'octobre dont la mélancolie s'est faite auréole, pour moi, au front de la femme; doux et traître soleil qui aspirait vers la peau rougissante des raisins le sang vermeil des vignes et faisait monter le mien vers la coupe mortelle du premier baiser !

MATUTINA

C'est bien, parbleu ! une feuille morte qui, par ma fenêtre ouverte, est venue voler jusque sur le papier où ma plume allait courir. Elle est très jaune, très sèche et toute recroquevillée. J'y reconnais cependant, sous l'ondulation des brûlures solaires, sa forme en fer de flèche. C'est une feuille de lilas qu'un coup de vent matinal m'a apportée.

Qu'allais-je vous conter déjà ? Une histoire d'amour, sans doute, ou quelque rêverie pleine d'un souvenir d'absente. J'allais peut-être vous dire les vers très simples que j'ai écrits pour que Capoul les chante sur une musique de Lacôme :

> Je demande à l'oiseau qui passe
> Sur les arbres, sans s'y poser,
> Qu'il t'apporte, à travers l'espace,
> La caresse de mon baiser.
>
> Je demande à la brise pleine
> De l'âme mourante des fleurs,
> De prendre un peu de ton haleine
> Pour en venir sécher mes pleurs.
>
> Je demande au soleil de flamme,
> Qui boit la sève et fait les vins,
> Qu'il aspire toute mon âme,
> Et la verse à tes pieds divins !

et qui sont presque traduits d'une de nos

belles chansons toulousaines. Oui, je me sentais l'esprit alerte et disposé à d'aimables confidences.

Ah ! maudite fenêtre ! Pourquoi es-tu venue tout bouleverser dans mon cerveau ?

.*.

Je regarde dans mon jardin. Tout y célèbre encore la gloire de l'été triomphant. C'est d'un horizon sans brumes que le soleil a jailli, précédé par un grand rayonnement d'or dans l'espace, comme un ostensoir immense montant des mains obscures d'un lévite inconnu. Aucune inquiétude dans le vol des hirondelles qui se perdent, points invisibles, dans les infinis de l'azur. Les peupliers très verts découpent sur le ciel leurs fuseaux vivants, et les tilleuls, masses odorantes, y enchevêtrent, comme des troupeaux, leurs dos moutonnants. Tout est joie dans mon parterre. Des roses en boutons y consolent la détresse des roses défleuries ; de la tige de mes glaïeuls, comme d'une veine ouverte en plusieurs endroits, jaillissent de belles fusées de sang clair ; une constellation d'œillets s'éparpille dans les bordures, et mes chères acanthes pyrénéennes épanouissent leurs larges feuilles architecturalement déchiquetées comme des souvenirs dont l'ombre enveloppe l'âme. La gaieté vorace des oiseaux s'acharne aux prunes encore fermes et aux abricots qui tombent en se fendant d'une large blessure aux lèvres pourprées. Je devine, derrière ce rideau riant, le fleuve tranquille et tiède où les barques glissent entre les calices odorants des nénuphars, où les pêcheurs matinaux guettent, patients, l'ablette, encore paresseuse de ses printanières amours, au pied des joncs qui bordent la rive. Tout semble d'une éternelle sérénité dans ce paysage où rien ne menace, des colères du ciel ou des caprices de l'eau sous le vent qui la fouette..

Ah ! maudite feuille, de quoi es-tu venue me parler ?

⁂

Car j'ai beau te faire crépiter sous la pointe rageuse de mon canif, je ne pourrai anéantir, avec toi, le symbole que tu portes, le mauvais présage dont ton aile était chargée. Dans cette orgie radieuse des choses sous la tendresse caressante du soleil, tu es tout simplement le *mane, thecel, phares* apparaissant sur l'obscurité des murailles lointaines faites des orages amoncelées et des frimas à venir. O faux bijou d'or fauve, l'automne est caché dans l'entortillement cassant de ta mouture ! Chacun de tes replis, feuille, de tes replis friables, contient quelqu'une des misères qui sont le déclin de l'année. Voici les matins obscurs qu'un brouillard envelope et d'où le soleil ne se dégage, tardif, que comme le visage pâle d'un mourant déjà couché dans ses toiles : les soirs impatients sonnant à l'horizon, dans de longues trompettes de cuivre, de muettes fanfares, des adieux pleins de silence; tout ce cortège de tristesses vagues occupant la lenteur plus grande des jours plus courts et dont le poète Léon Dierx a si magnifiquement dit, dans un vers comparable aux plus beaux de Beaudelaire :

Le monotone ennui de vivre est en chemin.

Voici cette effroyable résurrection des corps qui nous montre, se dégageant de la terre comme des morts révoltés qu'un signal appelle, les squelettes décharnés des arbres n'agitant plus, à leurs cimes, que des lambeaux de verdure, des arbres dont l'âme s'est enfuie avec le murmure de la brise dans les feuilles, avec les chansons des oiseaux exilés ! C'est sur le sable un grand bruissement de menus branchages que le vent balaye et les derniers dahlias se ferment, captifs des longs fils d'argent que tissent les araignées, inutiles ouvrières d'octobre, qui tentent de recoudre les uns aux autres et de soutenir encore dans l'air tous ces coins de nature s'effondrant. La pitié des chrysantèmes fleurit le mausolée des floraisons mortes.

Ah ! maudite feuille, voilà le tableau mélancolique que tu évoques sous mes yeux !

* *

Les choses de la Nature sont fraternelles aux choses de l'Amour ; ou plutôt la Nature n'est qu'un grand décor symbolique dressé par le ciel autour de nos tendresses. Celles-ci ont leur printemps tout fleuri d'espérances, leur été que le baiser du soleil réchauffe et mûrit, leur automne où le souvenir met encore des douceurs inquiètes, leur hiver qu'étreignent les neiges profondes de l'oubli. Heureux qui, fait plus sage par les détresses passées, sait arrêter son cœur dans cette course et l'arracher à cette loi fatale, pour l'asseoir dans la sérénité d'une passion qui défie le lent travail des choses et des pensées se hâtant vers un même déclin ! Cette force consciente et révoltée contre le destin lui-même ne nous vient pas en pleine jeunesse. C'est un fruit de la douleur, et toutes les âmes n'ont pas en elles ce qu'il faut pour le porter. Heureux, dis-je, celui qui ménager de son dernier bonheur, le seul qui soit, celui d'aimer encore, le fait aussi long que sa vie ! Qu'il veille aux présages muets, aux avertissements obscurs et surtout qu'il se rappelle. Les gens sensés mettent dans leur amour tout ce qu'ils ont de meilleur et ne laissent pas autre chose s'y mêler. Ils le dégagent des jalousies stupides, des orgueils faciles à blesser, des lassitudes que la satiété apporte. Ils en font l'heure rare et exquise entre toutes qui est l'oubli de toutes les autres heures ; la fleur précieuse de leur cœur et de l'esprit ; le trésor avare de leurs joies. Ainsi, garderont-ils longtemps en eux l'été resplendissant des caresses toujours savoureuses, des âmes se fondant dans le même infini, s'abîmant mêlées dans le même rêve immortel !

Mais qu'ils prennent garde à la première feuille morte, au premier froissement qui est comme la chute d'une première illusion dans ce monde enchanté ! Bien vite viendrait l'automne qui n'est qu'un long adieu !

III

CONTES D'AUTOMNE

DANS LES JARDINS

I

PLUIE D'OR

Un souffle de vent dans les peupliers et c'est autour de nous un tourbillon d'or, d'or dispersé qui court sur le sol avec un bruit innombrable de chocs invisibles et joyeux.

J'ai toujours pensé que la fable des amours de Jupiter n'était que l'histoire poétique des saisons. En ce moment c'est Danaë qu'il tente. Danaë qui a dépouillé les chastes parures dont l'avait enveloppée le Printemps, Danaë déjà nue et bientôt féconde. Car de toutes ces feuilles mortes dont la terre boira les dernières sèves, renaîtra l'orgueil immortel des lis et des roses, la gloire des floraisons futures sortira rajeunie, et les bouquets monteront vers vos petites mains blanches, ô vous devant qui je veux voir la Nature entière agenouillée comme devant l'autel de la Beauté infinie.

Un souffle de vent dans les peupliers et c'est autour de nous un tourbillon d'or, d'or dispersé qui court sur le sol avec un bruit innombrable de chocs invisibles et joyeux.

Le beau manteau d'illusions qui couvrait les choses est déchiré; quelques lambeaux à peine sont demeurés suspendus au squelette froid des réalités. Les verdures se sont évanouées au front pensif des forêts qui ne sont plus qu'un brutal enchevêtrement de branches noires. Le frisson d'émeraude vivante qui courait aux bordures des chemins quand l'haleine du soir caressait les hautes herbes, s'en est allé vers l'horizon des rêves perdus. Ainsi quand la main des Destinées a secoué l'or au-dessus des têtes, l'or bruyant, l'or maudit que portait l'arbre du Mal et non pas la pomme biblique, ce fut pour l'âme humaine un effarement de toutes les noblesses de la pensée, l'oubli de l'idéal entrevu, l'hiver âpre qui n'a plus de fleurs, le cliquetis furieux dans la tempête après la chanson de l'amour dans les bois profonds et verts, au bord des sources sacrées!

Un souffle de vent dans les peupliers et c'est, autour de nous, un tourbillon d'or, d'or dispersé qui court sur le sol avec un bruit innombrable de chocs invisibles et joyeux.

Oui, ma chère âme, ce sont tous les baisers qui passent, les baisers figés aux lèvres de ceux qui ne savent pas aimer.

II

CHRYSANTHÈMES

Pour savoir à quel point je t'aime,
Effeuille, en rêvant, mon trésor,
Non la marguerite au cœur d'or,
Mais ce cœur blanc du chrysanthème.

Car plus serrés et plus nombreux,
Ses pétales, faisceau de glaives,
Diront mieux l'infini des rêves
Où se perd mon cœur amoureux.

« Un peu ! — beaucoup ! » mots sans pensée ;
Et même : « passionnément »,
Un mot qui ne dit rien vraiment
Du mal dont mon âme est blessée.

C'est par mille et mille douleurs
Que mon être se multiplie
Et, languissant, vers toi se plie
Comme le chrysanthème en fleurs.

La marguerite plus ne dure,
Quand l'automne, de ses doigts lourds,
Des mousses jaunit le velours
Et disperse au vent la verdure.

Même après l'adieu du soleil,
Seul, dans les jardins qu'il décore,
Le chrysanthème s'ouvre encore,
A mon cœur fidèle pareil

Pour savoir à quel point je t'aime,
Effeuille, en rêvant, mon trésor,
Non la marguerite au cœur d'or,
Mais le cœur blanc du chrysanthème !

III

BOUTON DE ROSES

Sous les feuilles jaunes et dégouttantes de pluie d'un rosier sauvage, un bouton très pâle s'obstine, dont les pétales ne se développent que pour se recroqueviller aussitôt comme des oiseaux frileux qui replient leurs ailes dans l'air trop froid. Voilà plusieurs jours déjà que je le vois et plus d'une fois la tentation m'est venue de le cueillir pour vous l'apporter. Puis j'ai trouvé qu'il était bien peu digne de votre beauté triomphante, ce brin de fleur mourante, agonisant dans la mélancolie d'automne. Il vous eût bien dit pourtant qu'à vos pieds s'effeuillera ma dernière pensée et qu'une rose fleurit toujours pour vous dans le jardin dérobé de mes rêves, une rose immortelle dont la racine est au profond douloureux de mon cœur.

Quelque chose de fraternel pleure en moi

sur ce désespéré des floraisons défaillantes, venu trop tard pour la gloire des épanouissements et pareil à l'amour tardif qui compte moins les bonheurs à venir que l'inutile trésor des bonheurs perdus !

IV

OEILLETS ROUGES

L'œillet d'automne est sans parfums.
Sous l'orgueil de ses pourpres vaines,
Il semble porter dans ses veines
Le sang glacé des cœurs défunts.

Fleur sans parfum, âme sans rêves!
Oiseaux sans ailes, toutes deux,
Dont jamais les vols hasardeux
Pour les cieux n'ont quitté les grèves.

Malgré ses velours éclatants
Dont ton regard charmé s'étonne,
Ne cueille pas l'œillet d'automne,
Toi dont le cœur est tout printemps!

Toi dont l'être est tout envolée
Vers les firmaments apaisés,
Où monte l'odeur des baisers
A l'odeur des roses mêlée.

Si c'est du rouge que tu veux
Pour éclairer leur ombre, imprègne
De mon sang la fleur que ton peigne
Tient mourante dans tes cheveux,

Et par les souffles embaumée
Autour de ton être flottants,
Toi dont la grâce est tout printemps,
Vivant Avril, ma bien-aimée !

L'œillet d'automne est sans parfums.
Sous l'orgueil de ses pourpres vaines,
Il semble porter dans ses veines
Le sang glacé des cœurs défunts.

SUPER FLUMINA

J'ai gardé certaines habitudes dominicales de mon enfance, et c'est comme malgré moi que, tous les huit jours, un accès de paresse qu'aucune fatigue n'excuse me pousse vers quelque promenade sans but, vers quelque flânerie à l'aventure, dans la campagne où meurt le tintement des cloches lointaines, à l'heure où les derniers fidèles franchissent les porches des églises avec une fade odeur d'encens dans leurs habits. Ce sont mes vespres que je dis ainsi en pleine nature, égrenant sur ma route le chapelet des souvenirs, fervents de tous les cultes oubliés, lévite de toutes les religions méprisées, suprême croyant de toutes les croyances déchues.

Ainsi, il y a deux jours, m'en allai-je le long du fleuve, qu'un vent de bise ridait, sur une rive à peu près déserte, suivant le quai dont la pierre limée par les cordes des halages se dentelait sous l'usure, dans un de ces paysages de banlieue que Rafaëlli excelle si bien à décrire et dont le ciel est comme une page grise sur laquelle les maigres silhouettes des arbres dépouillés, semblent des griffonnages d'enfants. De toutes les choses, l'eau est peut-être celle qui proteste le plus tard contre les mélancoliques aspects de l'hiver. Elle garde, jusqu'aux grandes averses, des transparences qui leurrent et des frissons de lumière qui passent, à sa surface, comme les derniers éclairs d'épées d'une bataille. Elle demeure l'image de la vie, au moins jusqu'aux gelées qui la figent, tandis que partout règne la grande immobilité de la mort. Il faisait un grand calme sur le chemin où je n'entendais guère que le bruit de mes propres pas, quand une rumeur s'y méla, une rumeur de torrent qui grondait au-dessous de moi, un glapissement humide et sourd, quelque chose de sinistre qui mêlait une note d'horreur à cette mélancolie. Je m'arrêtai, je regardai et trouvai que j'étais arrivé, sans y prendre garde, jusqu'à la gueule débordante d'un égout, là où la grande ville déverse son opulent trésor d'ordures, infectant au loin la rivière et portant, bien loin dans les campagnes, le relent de ses odeurs malsaines, la fétide haleine de tout ce qu'elle vomit.

*
* *

Et comme toutes nos pensées ne sont que les impressions réfléchies qui nous viennent du dehors et se font intellectuelles dans notre esprit, le haut-de-cœur qui me monta devant ce spectacle souleva en moi comme un océan de dégoût qui y dormait, et que toutes les hontes auxquelles nous assistons depuis quelques jours y avaient amassé. De l'image matérielle qui m'avait fait détourner les yeux, une vision morale se dégagea, celle de l'immonde société qui, pareille à ces eaux croupies et déshonorées, nous jette jusqu'au visage ses impurs bouillonnements et l'ignoble parfum de ses vices. Tout ce monde horrible qu'un procès, — celui même de notre état social, — nous révèle, occupant toute l'échelle des classes, depuis ce qui devrait être l'honneur à jamais respecté jusqu'au devoir inexorablement subi; toute cette canaille remuée comme une mare putride où tombe une pierre, et qui grouille avec des éclats de rire, comme grisée de sa propre infection ; tous ces types révoltants de cynisme qu'une cause, insignifiante en apparence, fait surgir, tout cela passe, dans mon cerveau, avec les détritus, les trognons, les immondices que l'égout roule à mes pieds. Pas un cri d'honneur dans cette musique de mensonges; pas une révolte de la conscience dans cette clameur de coquins se jetant l'ignominie à la face les uns des autres; pas une foi qui surgisse, de ce désarroi de toutes les confiances, pas une foi dans un homme dont on ose dire : Celui-là ne peut être soupçonné ! Magistrats, ministres, ce qui est la loi, ce qui est la force, tout est confondu dans le scepticisme gouailleur de la foule, qui sait bien qu'on la trompe et qui préfère s'en amuser que s'en indigner. Pas une virilité qui se regimbe, dans cet abaissement de tous les principes, dans cette jetée au vent de tous les respects. Des accusés, encore sous la menace des peines, blaguent leurs juges dans les cabarets, au grand plaisir de la galerie. Les mains se tendent vers une vieille proxénète et son infâme amant, relâchés, sans doute, parce que les prisons aussi ont quelquefois besoin d'être assainies. Il ne se trouve personne pour cracher au nez de ces ignobles drôles, pour les chasser comme on balaye les ruisseaux. Pas un soulier qui se rue au derrière de cette pourriture vivante ! Ah ! nous ne sommes pas difficiles sur le choix de notre compagnie.

.*.

J'entends des gens dire qu'il en a toujours été ainsi. Ce n'est pas vrai. Cette promiscuité de tous les appétits fraternisant dans la même honte lucrative, cette démocratie qui unit, dans la malpropreté d'une immense étreinte, toutes les mains sales, celles qui descendent et celles qui montent, pour se joindre et puiser dans le même sac d'écus, sont d'invention très contemporaine et bien ce qu'on est convenu d'appeler des « signes des temps. » Ce n'est pas la première fois que de pareilles éclipses du sens moral sont signalées dans notre astronomie historique. La seconde moitié du siècle dernier ne présentait pas, à son début, un spectacle beaucoup plus ragoûtant. Il a fallu beaucoup de sang pour laver cette boue. Nous en reste-t-il encore assez pour nettoyer notre fange? Je n'en sais rien, et nous sommes certainement descendus plus bas qu'alors, parce que la virilité des races s'épuise à ces rouges métamorphoses. Heureux ceux qui ont vécu dans des temps meilleurs et mieux épris de tout ce qui fait la dignité de l'âme humaine ! Parmi nous, ceux-là sont les sages qui volontiers tournent leurs yeux vers le passé et ne veulent vivre que de la mémoire des âges où fleurissait l'idéal.

Et, pensant ainsi, je remontai de quelques pas la rive où s'était arrêtée ma promenade, et le fleuve m'apparut, plus haut dans son cours, non plus souillé et comme encombré de ruines, mais limpide et emportant, avec lui, une poussière fluide d'argent. Sur cette nappe frissonnante, le couchant étendait, çà et là, de grandes opacités fulgurantes, comme des lambeaux de pourpre immobiles dans la vibration du vent. Une éclaircie s'était faite, à l'horizon, dans le ciel d'hiver et le soleil, sans rayons, rouge comme une sorbe, semblait un disque posé sur une large lame de cuivre, en équilibre, comme on voit faire les bateleurs forains. Ce qui fut les verdures estivales frangées de rouille par l'automne, n'est plus qu'un enchevêtrement de petites branches noires se découpant sur ce fond d'or. La vision mauvaise avait déjà disparu pour moi, celle du cloaque où mes regards étaient tombés, celle du gouffre où avait plongé mon esprit. Que m'importe, après tout, cette fange qui descend dans le fleuve! — Le fleuve coule et la mer l'attend. Que me fait la honte qui envahit la vie contemporaine! — Le temps marche et le néant est au bout. La nature est là, impassible et douce pour nous faire prendre patience. L'amour est là, vibrant et cruel pour ne pas souffrir que nous ayions d'autres tourments que les siens. Admirons les splendeurs des choses et aimons, nous qui sommes demeurés fidèles à l'idéal de poésie et de tendresse qui berça si longtemps les douleurs de l'humanité! Plus haut que les ruisseaux débordants, plus haut que cette mer de boue qui peut s'étendre mais ne saurait s'élever, — car les océans bleus ont seuls des vagues audacieuses, — planent l'immortel soleil de nos espérances et l'immortel objet de nos désirs. Plus haut, sur un autel tout embrumé de l'encens de mes vœux, sont posés tes pieds divins et blancs, ma bien-aimée aux noirs cheveux, grand lis debout dans la solitude jalouse de mes rêves, consolation du terrestre exil, toi qui, d'un sourire, me fermes l'horizon, et qui, d'un baiser, m'ouvres l'infini!

DERNIÈRES VIOLETTES

Voici que les premières violettes d'automne ont reparu à Paris; rares encore, car j'eus infiniment de peine, madame, à vous en trouver un assez petit bouquet ; toutes petites, à peine ouvertes comme des yeux d'enfant, d'un bleu tendre et toutes languissantes sur leurs tiges trop longues et menues. Très artificieusement, la marchande qui me les vendit les avait enveloppées de solides feuilles de lierre : mais votre premier soin fut de les arracher de cette armure pour les clouer, avec une épingle, pendantes et bien vite flétries à votre corsage. J'enviai leur sort néanmoins comme celui de tout ce qui vous touche et de tout ce qui meurt par votre divin caprice. Le parfum si doux qu'elles élevaient vers vous, comme une dernière haleine, n'était-il pas un pardon ? Douce, bien douce cette odeur de fleur trop tôt cueillie et trop vite s'étiolant. J'ai pensé que l'âme de ces violettes était faite de tout ce que nous avions rêvé pour l'été disparu et que le temps ne nous a pas permis de réaliser. Car nous avions bien fait des projets de quoi remplir vingt-quatre mois de jours sans pluie, promenades lointaine dans le beau paysage dont les verdures semblent aussi dénouées, la Seine qui le traverse vingt fois étant pareille à un large ruban bleu flottant sous une main capricieuse ; voyages à travers ce beau pays de France qui est comme un panorama de merveilles. Ici bordé de neiges éternelles par la dentelure profonde des montagnes, là doucement vallonné par le calme océan des collines bleues, ayant plus loin les horizons infinis de la mer, partout baigné de lumière et caressé par des souffles féconds. Nous devions voir ensemble des villes où le souvenir du passé nous ferait croire que nous nous sommes aimés toujours, vous sous les parures anciennes des belles femmes d'autrefois et moi sous le costume des antiques chevaliers dont je sens le cœur fidèle dans ma poitrine. Mon Dieu, ma chère, qui nous dit que cela n'est pas vrai absolument? Il m'a semblé que je vous revoyais la première fois comme l'unique maîtresse d'une vie antérieure à ma naissance. Vous ne croyez peut-être pas à la métempsychose? Moi j'y crois tout à fait. Je vous dis que nous nous étions rencontrés déjà et que cette passion nouvelle n'a fait que réveiller, sur nos lèvres, des baisers endormis. Tous les bonheurs rêvés auront leur jour dans l'éternité de notre tendresse. En attendant, les violettes d'automne nous reprochent ceux que nous avons laissés s'envoler !

.*.

A Toulouse, il n'y a pas encore de violettes. Je n'aimerais pas cette vieille cité pour les liens d'affection et les amitiés qu'elle me garde, que je lui serais reconnaissant d'attendre l'hiver et les premiers froids pour s'emplir de violettes admirables, vivaces, plus belles que celles de Nice cent fois et dont les bouquets énormes, promenés dans les rues ou pendant derrière les vitrines, protestent contre les images mélancoliques qu'évoque, dans la pensée, le ciel triste, morne, gris, paraphé de dessins noirs par les branches dépouillées où s'abat, dès que le soir arrive, le vol bruyant des moineaux. Les villes méridionales, dont l'âme est le soleil, semblent plus mortes encore que celles du Nord, quand s'appesantit sur elles le linceul étouffant des nuées que ne traverse ni rayon de clarté ni rayon vivifiant de chaleur. Elles dorment un sommeil troublé de cauchemars sous le fouet des ondées et la colère des ouragans. Plus de chansons et plus d'éclats de rire! Est-ce que cette désolation est pour durer toujours? — Non! disent les violettes de leurs lèvres silencieuses, de leurs petites lèvres parfumées et toujours humides comme celles des amoureuses. Il y a longtemps de cela, madame, j'étais en exil là-bas, et je crois que mon premier présent fut un envoi de ces belles violettes toulousaines. Elles vous parlèrent sans doute pour moi. Car je vous trouvai meilleure au retour et moins cruelle à mon désir. Vous voyez bien que j'ai raison de les aimer? Nos fleurs d'hiver, à nous, Parisiens, sont si tristes! Je ne sais si vous partagez ce sentiment, mais j'ai en horreur le chrysanthème, cette parure des jardins mondains, dont la durée ne m'intéresse pas plus que celle des fleurs en papier dont les cheminées bourgeoises sont encore décorées au Marais. Car, eux non plus, les chrysanthèmes, n'ont jamais paru vivants et frémissants sous le zéphir et jamais parfum n'a palpité dans leurs petits pétales secs, pointus et serrés, pareils qu'ils sont à des étoiles sans lumière, à des étoiles terrestres où ne scintille aucun céleste regard. Je ne veux pas, rappelez-vous le bien, de ces petits soleils éteints sur ma tombe. Ils diraient mal le feu que j'emporterai dans mon cœur plein de vous, comme la braise qui longtemps brille encore sous les cendres embaumées des encensoirs. Mais, quelquefois, quand mon souvenir chantera quelque appel mystérieux dans votre mémoire, vous ferez venir un petit bouquet de belles violettes que vous avez connues par moi, et qui vous ont dit déjà, par delà le temps et l'espace, que je vous aimerai toujours! Il me semble que je serai fort réjoui de les sentir et qu'à mon tour, elles me parleront de vous, ces muettes éloquentes dont le langage est un parfum!

⁂

Je ne veux pas être cependant injuste pour nos petites violettes des bois parisiens qui meurent sous la première neige. Nous irons, s'il vous plaît, en cueillir nous-même à Saint-Cloud ou à Ville-d'Avray, à Vaucresson ou à Garches. Nous nous partagerons ce bucholique travail; vous glorieusement assise sur un banc, le dos tourné au soleil tiède qui mettra des flammes mourantes dans l'ombre de votre lourd chignon, vos petits pieds croisés sur le sable, où le bout de votre inutile ombrelle tracera de capricieux dessins; moi, courbé comme un bûcheron sur les mousses et furetant dans le gazon mouillé pour y trouver les rares petites fleurs. Quand vous serez lasse de tant de peine, nous reprendrons notre chemin dans le cliquetis des premières feuilles mortes, qui est comme le bruissement du grand orchestre hibernal essayant ses instruments avant d'entamer sa sonate désespérée où semble gémir l'âme héroïque de Beethoven déchaînée parmi les éléments. Car ce doit être une satisfaction des grands musiciens trépassés de mêler encore aux souffles éternels de l'air le souffle éternel de leur génie, modulant, suivant des rythmes mystérieux, dans la voix tumultueuse des forêts sonores et les flots vibrants comme des lyres.

Vous rapporterez, vous, l'humble bouquet que je vous aurai cueilli, à votre ceinture, et vous m'en donnerez une fleur, une seule, celle qui aura été la plus près de vous et dont l'odeur sera le mieux devenue la vôtre, violette d'automne qui me sera plus chère que toutes celles du printemps à venir et même que ces admirables violettes de Toulouse d'un bleu si tendre et tel que j'imagine le bleu des yeux de Clémence Isaure, l'immortelle sœur des trouvères, dont le nom seul est un poème de lointaines amours.

L'AGE D'OR

Vous rappelez-vous, madame, l'adorable coin de paysage où nous étions assis, l'un auprès de l'autre, il y a deux jours, à l'heure du soleil déclinant vers les horizons clairs d'une tiède après-midi? Deux jours, ce n'est pas bien long, même pour une mémoire de femme, et vous pouvez vous en souvenir encore, sans rougir comme d'une histoire qui nous vieillit tous les deux! C'était sous une feuillée toute verdoyante et comme printanière, malgré la saison où nous sommes. Caprice d'exposition, sans doute, protégée des ardeurs caniculaires, des pluies fouettantes et du vent qui brûle. Mais rien n'était plus frais que cet ombrage, ni plus jeune, ni plus caressant aux yeux, et vos regards s'arrêtèrent sur un marronnier chargé de fleurs et de pousses nouvelles, comme si avril, le plus menteur des mois de l'année, avait promis de revenir bientôt. Pas une rouille au tapis profond des mousses, mais quelques petites fleurs éparses dans leur uniforme de velours. Votre beauté rayonnait dans ce décor à la fois éclatant et doux comme dans un reposoir de Fête-Dieu élevé pour elle. On eût dit que c'était votre jeunesse qui se répandait autour d'elle sur les choses et sur les êtres, par une divine contagion de renouveau. Car tous les oiseaux étaient venus chanter autour de nous, et de bonnes odeurs de plantes sauvages s'élevaient, à vos pieds, d'invisibles encensoirs. J'étais sous le charme d'un isolement complet du reste du monde dans l'amoureuse contemplation de vos grâces, plein d'adorations mystiques et de désirs fous. Car l'âme est, chez moi, bien voisine de la chair, et le paradis des purs esprits n'est pas le mien.

Oui, paradis! C'était un paradis tout petit que ce bouquet d'arbres au détour profond d'une allée, un morceau du paradis qu'avait oublié de garder l'ange qui porte le glaive. Quel contraste, en effet, avec tout ce qui l'entourait et frappait nos yeux! Partout ailleurs, en avant, de droite et de gauche, c'était bien octobre avec ses tons jaunes ou pourprés qui sont comme la couleur des déclins. C'était une débauche d'ocre sur la grande palette de la nature, très clair aux branches frémissantes des peupliers, plus foncé sur les masses plus denses des autres essences. Mais partout la brûlure des étés prête à s'envoler aux premiers vents d'automne dans un tourbillon de feuilles sèches. On eût dit que le fer rouge qui marquait jadis les condamnés avait été promené sur toutes ces splendeurs vivantes, y gravant l'implacable arrêt dont est atteint tout ce qui doit périr. Certes, il y avait beaucoup de mélancolie dans cette gloire sans lendemain ; mais quel éclat et quelle magnificence fragile ! Le jour semblait finir dans un féerique embrasement ; le fleuve lointain paraissait une coulée de métal scintillante de paillettes et bordant le manteau rose du couchant. Des lumières couraient sur toutes les arêtes vives ou s'étendaient, par ondées, sur les plaines.

— On dirait que ce paysage est tout en or? dites-vous tout à coup, rompant le silence où se complaisait ma tendresse recueillie.

*
* *

Et ce simple mot, tombé de vos lèvres, m'a valu, cette nuit, un des cauchemars les plus fâcheux qui m'aient laissé pensif au réveil. Vous ne parliez plus par métaphore. La folie humaine qui poursuit l'or avec des rages de damnée avait touché sa récompense. Midas ressuscité voyait refleurir son rêve monstrueux. Suscitée par quelque sublime découverte, une immense convulsion avait retourné le globe sur lequel nous vivons. La terre avait vomi ses entrailles à sa surface, ses entrailles lasses et déchirées par le travail obscur des chercheurs de filons. Toute la nature extérieure était en or, en or dur et cristallin, mais tiède encore des fusions anciennes au centre de notre planète. Les arbres sans murmures, les montagnes sans souffles vivifiants, les fleuves arrêtés dans leur cours, les vallées sans ombres frémissantes, tout en or. De l'or, de l'or, rien que de l'or! C'était superbe d'abord, puis odieux et insupportable à regarder. Des pépites gisaient sous toutes les formes; tous les corps résonnaient avec le même bruit sec la même musique barbare. Tous les oiseaux avaient fui sous le ciel poli, comme un miroir où se reflétait toute cette richesse insipide, sous le ciel sans infini, sans au delà, sans voiles, où les astres figés dans leur course s'éteignent comme des flambeaux qui pâlissent dans le grand jour. Les animaux qui courent et ceux qui rampent, mais qui, tous, sont la vie et le mouvement, avaient disparu dans ce cataclysme et dormaient sans doute, sous ce tombeau fastueux dont Sardanapale lui-même n'eût osé caresser la chimère... L'homme seul était resté de toutes les bêtes, l'homme affamé, l'homme châtié par son propre vice, victime de sa longue démence, l'homme éperdu dans cette réalisation cruelle de son désir acharné. Le métal qu'il avait poursuivi comme l'unique bien, qu'il avait longtemps payé de la sueur des misérables, et cherché jusque dans le sang, ce métal le débordait, l'envahissait, l'étreignait. Il lui brûlait les pieds, lui déchirait les mains, aveuglait ses yeux et lui mettait au ventre les morsures de la faim. Il eût vendu son âme, l'homme misérable, pour trouver une seule goutte d'eau dans ce Pactole! Et tout ce qu'il avait profané, souillé, foulé sous ses pas dans ses recherches impies, emplissait sa mémoire de remords et d'ironie. L'idéal conspué y pleurait ses immortelles joies; l'amour y comptait ses larmes et ses baisers perdus; la poésie y chantait sa chanson à jamais envolée. Puis c'était la torture physique compliquant l'angoisse morale. Le souvenir des blés magnifiques et nourriciers oscilants, lourds de grains et comme dorés, sous les souffles mûrissants du matin; l'image des vignes empourprées et celle des pommiers en fleurs semant dans l'air l'espoir des fruits prochains; la vision impérissable de cette nature maternelle et douce, l'*alma parens* antique, pleine de grâces fécondes et de fertiles beautés! Ah! vous auriez frémi, comme moi, à voir ce fantôme de l'homme s'agiter dans cette apothéose implacable de la Matière jugée la plus pure et la plus glorieuse par les alchimistes de tous les temps.

．
． ．

Éveillé, je restai longtemps sous l'impression de cette fantasmagorie nocturne. Il y avait des moments où je croyais que je n'avais pas rêvé. Car un symbole très clair et très aisément saisissable était au fond de cette vision au premier aspect saugrenue. Celui de la vie des races futures compromise par les horribles instincts de lucre qui sont l'honneur de la nôtre et de ce temps méprisable. Oui, l'homme crèvera, faute d'idéal et faute de pain, après avoir épuisé, pour en venir là, plus de génie qu'il n'en eût fallu pour rendre d'éternelles générations heureuses dans l'amour simple des êtres et le respect facile des choses... Mais je ne vous veux pas épouvanter, madame, de ces sombres prophéties. Je serai mort certainement avant ce temps-là, d'une mort naturelle et douce si mes yeux, en se fermant, voient encore votre sourire, vous-même, peut-être, ma chère âme, serez-vous également trépassée; car la beauté, pour être immortelle, ne donne pas l'immortalité. J'imagine toutefois que, comme à nous, l'autre jour, à ceux qui s'aimeront encore, en ces temps maudits, la pitié du destin gardera quelque oasis pareille à celle où, dans une illusion de printemps, nous avons vu, sous nos regards, l'or mortel de l'automne tendre, sur les fenêtres, son mélancolique linceul. Car l'amour seul conservera le secret du rajeunissement infini dans quelques âmes élues. Et cela suffira pour que les oiseaux chantent encore, se sachant écoutés, pour que les ruisseaux roulent leur fraîcheur parmi les mousses, pour que les sources recueillies semblent attendre l'image de celles qui vous ressemblent. C'est l'Amour, seul, qui dans cet âge d'or sans pitié, gardera, comme un ange débonnaire, un coin de ce paradis biblique à nos fils éperdus!

CHOSES D'AMOUR

Vous n'avez pas voulu, ma chère âme, me suivre au pays des montagnes natales qui, comme des vieilles décoiffées par le vent, portent à leurs têtes nues et ridées des lambeaux de nuages pareils à des chiffons de toile; dont les pieds lourds et frileux sont à peine chaussés de verdure et semblent reculer devant l'éclaboussure argentée des torrents; dont le front plein d'ombre roule, sous sa rare chevelure de neige, d'éternelles mélancolies. Vous avez redouté cette nature sauvage et ce grand silence des choses recueillies autour du murmure lointain d'un fleuve qui semble seul vivant. Et pourtant je vous jure qu'il est admirable le spectacle du ciel qui semble comme soutenu par cette terrestre colonnade qui fait penser aux épaules montueuses et lassées d'Atlas, le spectacle du ciel nocturne découpé par ces masses sombres et criblé de lumineuses blessures par les dernières flèches du soleil couchant.

Oui, je sais là des coins merveilleux de paysage où nous eussions peut-être goûté des repos inconnus, où nous nous serions sentis plus près l'un de l'autre qu'en tout autre lieu du monde. Pour qui s'y trouve seul, la montagne est comme un écrasement douloureux de la pensée, que je n'ai jamais pu supporter longtemps. C'est qu'elle ferme l'horizon, et est comme une muraille obscure entre nos regards et l'inconnu tentant que la lumière inonde. Mais à deux, ma chère âme, à deux ! La montagne est comme une porte sacrée qui nous enferme dans un rêve de solitude et cache notre bonheur, et nous fait pareils à ces belles eaux chantantes dont le resserrement des rochers fait la chanson plus sonore et qui ne mirent que le ciel.

Vous ne connaissez pas les beaux soirs pyrénéens au bord de l'Ariège, où je voulais que vous me suiviez, et j'en ai seul savouré la douceur amère, sous l'œil attendri des étoiles qui, toujours, ont des larmes pour les amoureux !

* * *

Vous rêviez de la Mer qui attirera toujours la femme par je ne sais quel lien mystérieux dont la Poésie grecque a cherché l'image dans le tableau gracieux de la naissance de Vénus. J'aime mieux, pour ma part, la fable d'Ève foulant, de ses beaux pieds nus, les langes fleuris de son berceau. Il fallait l'épanouissement des jardins à la première apparition de celle qui porte encore des lis au front et des roses sur les lèvres lesquels y sont demeurés depuis ce temps-là. Et, cependant, la mer fait penser à la femme et la femme fait penser à la mer.

> La trahison vous fit parentes éternelles,
> Femme au cœur sans merci, mer aux gouffres sans fond!
> Le mensonge du ciel habite vos prunelles,
> Double abîme d'azur où notre espoir se fond.

Si la femme porte, sur sa bouche, la pourpre d'une fleur et la candeur d'une autre sur ses joues, c'est la mer dont elle a gardé quelque chose dans ses yeux pleins de l'image trompeuse du ciel, dans ses yeux où la pensée sonde des infinis qui la troublent, dans ses yeux qui nous attirent vers les irréparables naufrages du cœur. Oui, les vôtres, madame, me sont comme deux gouffres ouverts sur des tortures innomées et, dans leur verte transparence, sans cesse traversée d'un scintillement, je cherche ma route comme un matelot perdu dont l'insensible océan berce les prières inutiles et les désespoirs silencieux. Il est implacable comme celui de la mer, le charme de votre regard, et souvent il y passe des éclairs d'épée comme lorsque le flot s'illumine dans toute sa longueur coupante d'une lame dont l'espace glauque est sillonné.

Aussi, vous complairez-vous, sans doute, au spectacle de cette perfidie éternelle dont les trahisons n'ont jamais rassis le cœur de ses virils amants, pas plus que vos cruautés n'ont pu décourager ma tendresse. Le grand symbole de la beauté toujours adorée et pardonnée est fait pour vous séduire, vous qui ne vivez que de cette sublime impunité !

.˙.

Je vous ai dit l'attrait profond de la montagne sous le ciel constellé et les souffles tout parfumés de l'âme des bruyères; vous m'avez avoué le charme mystérieux et pervers peut-être que la Mer avait pour vous. Ainsi nous sommes-nous séparés sans que mon âme se soit, un seul instant, éloignée de vous qui êtes, pour elle, comme une de ces patries qu'on emporte partout où l'on va. J'ai entendu pleurer le torrent et soupirer la flûte du pâtre. Vous vous êtes bercée sans doute, au bruit monotone et profond des vagues à l'heure où les dernières voiles semblaient à peine les ailes d'une mouette qui regagne la pleine mer. Que m'avez-vous gardé de vous dans ces heures de rêveries? Comme les barques lointaines qui s'enfonçaient dans les brumes rougies par le couchant, votre pensée a-t-elle, par delà l'horizon incendié, tenté l'immortel voyage du souvenir? Je n'ose l'espérer et je devrais vous dire, sans doute, que moi aussi j'ai trouvé des oublis charmants au caprice des promenades. Mais je n'ai jamais su vous mentir, ce qui m'a fait tout d'abord un être désarmé devant vous. Devant le magnifique panorama des pics neigeux qui semblaient monter vers le ciel une floraison de lis, des vallées profondes le long desquelles les grandes ombres pendaient comme des chevelures, des ravins où l'eau se brisait avec des clameurs et de grandes colères d'écume, savez-vous où s'en allaient mes regards, plus loin que toutes ces merveilles ? Vers cette tranquille allée du bois où, pour la première fois, votre main s'est posée sur mon bras, vers ce paysage à demi parisien qui fut le décor de mes premières et timides tendresses. Voulez-vous que je vous dise la toilette que vous portiez ce jour-là ? Nous aimons le bleu, tous les deux, par-dessus toutes les autres couleurs, et peut-être est-ce ce goût qui nous a faits tout d'abord presque amis. Comme vos pas sonnaient légèrement sur le sable humide des premières fraîcheurs de l'automne ! Ils dictaient un rythme nouveau à mon cœur qui leur fut un docile écolier. Un frisson de rouille passait déjà sur les feuilles et vous vous sentiez toute triste du déclin des dernières roses.

Car vous avez pour les fleurs toutes les pitiés que vous n'avez pas pour moi ! Nous suivions une toute petite allée, tandis que tout près, dans une large avenue, le roulement des voitures disait la vie active des citadins en promenade. Moi je n'entendais rien que la musique de votre voix. Oui, ma chère, voilà tout ce que j'ai rêvé devant le grandiose paysage des Pyrénées : cette allée dont un soleil déjà pâle de septembre traversait le sol de bandes jaunes et poudreuses, dont les bordures de gazons étaient brûlées et piétinées, cette petite allée du bois où je respirais l'odeur divine de vos cheveux dans un baiser si craintif que vous ne le sentîtes même pas.

IV

CONTES D'HIVER

PREMIÈRE NEIGE

Nous nous étions quittés avec un serrement de main à peine ébauché, sans la chaude étreinte accoutumée, sans la réconciliation franche qui terminait d'ordinaire nos futiles querelles, après des propos vraiment cruels échangés et de mauvaises paroles restées sur le cœur. Elle ne m'avait pas tendu furtivement, d'un mouvement délicieusement brusque, sa belle chevelure débordante sur le front pour que j'y misse un dernier baiser. Elle était remontée en voiture sans se retourner, sans me montrer longtemps encore, par la petite vitre de derrière, un coin de visage blanc éclairé par une caresse des yeux. Moi, j'avais continué mon chemin à pied, sous le jour tombant, ce jour parisien qui meurt dans le clignotement des becs de gaz, constellation terrestre allumée avant les célestes étoiles; dans le froid que l'ombre ajoute au froid de la saison; à travers un décor plein d'une bruyante mélancolie. C'était l'heure où l'activité populaire agonise avant le calme du repas du soir. Tout le boulevard était dans les cafés, hors quelques rôdeuses affamées, ombres vivantes attachées aux rares passants et dont les zigzags captifs laissaient derrière elles un fade parfum. La gaieté de ce spectacle n'était pas pour me distraire des méditations douloureuses qui m'assaillaient. Après une longue période de foi aveugle, je me reprenais à douter que la femme fût autre chose qu'un mensonge délicieux fleuri de regards et de sourires où elle ne laisse rien de son

âme. Tout ce bruit charmant de tendresse
dont elle nous enveloppe et qui nous leurre,
rien qu'un bruit comme celui de l'onde indifférente ou du vent impassible qui passe. A
quoi bon garder précieusement dans la mémoire le souvenir des étreintes où notre cœur
s'est fondu en délices désespérées? Nous ne
sentions pas son cœur au travers. Une invisible et mystérieuse cuirasse le défend de nos
faiblesses, et des seins magnifiques où meurt
notre désir ne sont qu'un rempart qui l'éloigne davantage du nôtre. Elle est l'illusion
qui charme et qui tue, l'éternelle embûche
dressée sur le chemin de nos hautes aspirations et de nos viriles énergies.

Ainsi pensais-je, découragé de l'amour par
un amour plus grand et plus vrai que tous les
autres, et je marchais silencieux comme un
prêtre parmi les ruines d'un temple écroulé,
me meurtrissant dans la nuit à des débris
d'idoles. Soudain des voix amies m'appelèrent,
et je me trouvai subitement mêlé, en pleine
lumière, à des groupes de causeurs joyeux.

assis devant des verres où riaient des poisons couleur d'émeraude, d'or brun et de rubis sanglant.

* *

Quand je les quittai, une heure après, la neige avait tombé abondamment, rayant encore de légères broderies blanches le manteau gris du ciel, pareille à un vol de flèches obliques criblant les maigres arbres nus comme des saints Sébastiens. Les toits, les voitures, les chaussées, tout était blanc, et c'était un craquement sous les pas s'enfonçant dans ce froid tapis. Une vague clarté montait de toutes ces candeurs répandues, argentée comme si cet orient eût été fait de rayons de lune en fusion. Les étoiles ont souvent l'air de rêver. Peut-être Perrette devenue étoile, comme c'est le commun destin des belles âmes, avait-elle laissé choir à nouveau, du firmament, un immense pot au lait. Les astres aussi doivent perdre quelquefois leurs illusions, surtout s'ils nous regardent.

Impossible de trouver un fiacre. Les cochers roulaient, insolents, avec une garniture d'ouate à chaque roue, les chevaux philosophes manquant d'un pied, au moins, à chaque pas, résignés aux cinglements du fouet inutile qui avait au moins le mérite de le réchauffer, ayant des buées aux naseaux, des buées où les reflets des réverbères mettaient des fumées de sang clair. Puisque j'étais condamné à la promenade, l'idée me vint d'y mêler un peu de pittoresque et de rentrer chez moi, en traversant un coin du bois de Boulogne qui ne m'écartait pas beaucoup de mon chemin. Idée miraculeuse et vraiment géniale, car je me trouvai, dès les premiers arbres, devant le plus aimable tableau du monde. Odieuse à Paris, où elle se résout presque immédiatement en boue noire, la neige apporte à la Nature un merveilleux élément de féerie. C'était un enchantement que tous ces massifs confondus sous une blan-

chour égale, étalés en éblouissements sous le
ciel redevenu clair, pareils aux vagues d'une
mer immobile et figée dans une rigidité mar-
moréenne. Les routes larges, et d'un seul jet
immaculé, scintillaient aux premiers plans, et
les masses moutonnaient à l'horizon, comme
un troupeau couché dans la pénombre d'une
colline. Pas un bruit! Une grande méditation
de toutes les choses et un mystérieux recueillement sous ce baptême de pureté rajeunie.

*
* *

Une impression soudaine me traversa soudain
le cœur, froide comme un coup de couteau. Ce
paysage, si souvent parcouru au temps de nos
ferventes tendresses, ce paysage dont chaque
coin, chaque repli avait été un souvenir de
nos amours, vaillantes sous le sourire du ciel,
pourquoi s'était-il soudain couvert d'un suaire?
Est-ce que mon bonheur était mort à jamais,
que tout ce qui y avait touché m'apparut tout
à coup comme enseveli? Etait-ce sur nos

cœurs que ce magnifique tombeau de marbre s'était élevé? Car c'était un peu de notre cœur que ces verdures, sous lesquelles avaient sonné nos premiers baisers, furtifs comme des oiseaux qui s'envolent au moindre bruit, que les allées où nous nous étions si souvent serrés l'un contre l'autre sans nous parler; que ces gazons, d'où les violettes nous avaient regardés passer, de leurs yeux pâles et bleus; que cette eau dormante, qui laissait glisser vers l'infini avec un bruit monotone de rames, la barque aux voiles transparentes de nos rêves. Ah! comme nous croyons bien, fous que nous sommes, que tout n'a été fait que pour servir à nos tendresses, l'azur, les fleurs, tout ce qui embaume et tout ce qui chante! C'est stupide, n'est-ce pas? Ce qui est vrai, au contraire, c'est que nous laissons un peu de nous à tout cela comme le mouton qui passe laisse aux buissons un peu de sa laine; soupirs envolés, joies perdues, tout ce qui s'en va de nous dans les extases où se consume le meilleur et le plus pur de notre vie.

Et je m'abîmais de plus en plus dans cette idée sombre que tout était, autour de moi, la sépulture éclatante de mon bonheur, et que ce blanc mausolée avait surgi à l'heure même où nos cœurs sans pardon s'étaient désunis.

Le lendemain l'aube se leva, sous ma croisée, par un décor tout pareil, le froid nocturne ayant durci l'enveloppe virginale de la terre, et, — comme nous étions brouillés encore, — je me retrouvai sous la même impression, oppressée et superstitieuse. Mais, à midi, le soleil vint, qui fondit cette légère épaisseur de la première neige, laquelle est plutôt comme une mousseline que comme une lourde draperie. Les arbres se mirent à pleurer d'attendrissement et de joie, et de lents ruisseaux coururent sur le sable, tandis que certaines verdures obstinées dégageaient, comme des carquois de Diane, une flèche d'émeraude. Une fleur, une fleur même qui s'était ouverte sur les derniers pas de l'automne, émergea de ces blancheurs défaillantes. Était-elle, elle aussi, un symbole m'annonçant que notre amour allait refleurir.

Ce qui me reste de cette rêverie, c'est que la fâcherie, même la plus légère, est mauvaise aux vrais amants. Toutes les neiges ne fondent pas ainsi au premier rayon de soleil, et le cœur de la terre, ce cœur aux chaleurs sacrées qui s'épanouissent dans le sang vivant des roses, ne bat plus dans les montagnes qui dorment ensevelies sous des neiges éternelles.

CARNAVAL AMOUREUX

Savez-vous ce que j'ai rêvé? ma chère. Que vous aviez parié de vous déguiser si bien, pour ce mardi-gras, que je ne vous pusse reconnaître. L'enjeu? Je n'ai pas besoin de vous l'apprendre. Vous qui pouvez me donner l'infini, je serais bien sot de vous demande: autre chose! Un héritage tombé du ciel, — je les aimerais mieux ainsi que montant de la terre, comme des fleurs empoisonnées et mouillées de larmes, — me permettait de donner un libre cours à votre caprice. Pour que rien n'y fît obstacle, je vous ouvris un crédit illimité chez les costumiers les plus somptueux, chez les bijoutiers les plus magnifiques. Nous nous étions rencontrés au bal masqué que donne, chaque année, à cet anniversaire et dans son somptueux hôtel du quartier de l'Étoile, cette fameuse Mme de C... dont les fêtes sont justement recherchées. Vous sachant des intelligences dans la maison, j'étais certain que tout y conspirerait avec vous contre moi et que j'y jouerais le rôle des Nigaudinos de féerie. Mais je me voulais un très grand mérite dans cette épreuve, un mérite qui vous touchât et me valût un de ces infinis des grands soirs que vous ne me prodiguez pas; n'étais-je pas sûr de vous reconnaître à la fin ? De quelques voiles qu'il fût enveloppé, votre être ne me crierait-il pas votre présence ? Pourrais-je mettre seulement le pied dans votre ombre sans sentir ployer mes genoux ? Votre souffle ne me guiderait-il pas sûrement dans le parfum des fleurs? Ma confiance vous faisait sourire et vous y répondiez par un air de future victoire absolument insolent. Que je vous aime ainsi triomphante, vous dont le premier regard me fut comme un défi qui me valut tant de souffrances.

* *

Les songes marchent vite ; — il est malheureux qu'on ne puisse les atteler aux Petites-Voitures ; — le mien m'avait emporté déjà au bal où nous nous devions retrouver. Mon ambition avait été de vous y reconnaître du premier coup, de marcher droit à vous comme le prophète au Dieu qui l'appelle.

Mon impatience avait trahi ce miraculeux projet. Vous n'étiez pas encore arrivée et toute l'attention était pour cet aimable prince nègre venu en France pour y conquérir la main d'une de nos compatriotes et qui, pour paraître plus beau, a emmené le fils d'un de ses ministres en façon de repoussoir. Fort disgracieux naturellement, ce dernier est peint tous les jours en pure ébène, de sorte qu'auprès de lui le prince semble porter sur le visage un clair de lune. C'est une manière agréable de faire faire le tour de France à son favori. La foule des invités était considérable déjà, mais, je vous le jure, j'étais moralement sûr que vous n'y étiez pas encore. Car il me semblait qu'il n'y eût personne. Je pourrais vous dire le moment précis où vous entrâtes. Mais tant de monde m'entourait déjà que vous aviez depuis longtemps franchi la porte quand je tentai de vous surprendre à votre entrée. La ruse sur laquelle vous comptiez m'était déjà, d'ailleurs, révélée aussi depuis longtemps. Toutes vos amies, dans votre confidence sans doute, avaient revêtu le même costume que vous. Plus de cent déguisements pareils sur de jeunes femmes ayant sensiblement votre taille avaient frappé mes yeux. Ils étaient les plus ingénieux du monde pour embarrasser l'esprit, enveloppant les formes dans un vague volontaire et ne laissant, dans leur mauresque pudeur, rien voir à peu près du visage. A peine un rayonnement d'yeux dans les mousselines, comme apparaît celui des étoiles sur un ciel balayé de rapides nuées.

*
* *

La danse dissémina les groupes et les couples y passèrent. Vous dansiez certainement. L'angoisse que je ressentais durant toute cette valse ! Il y avait là un homme que j'aurais étranglé avec une joie féroce : celui dont le bras soutenait votre taille ; qui respirait, sous les étoffes légères et imperceptiblement flottantes, l'odeur de vos cheveux ; pour qui la vraie musique était le rythme harmonieux de votre souffle ; sur qui la lassitude vous penchait dans un abandon que je veux croire involontaire. Il me sembla que ce supplice durait des siècles. Quel immoral divertissement ! Rendez-nous les menuets congrus, solennels et compassés de nos pères ! Je me mis à errer comme les bêtes de proie qui fouillent des narines les souffles épais dans le vent. Un de vos raffinements encore : le même parfum très doux, mais tyrannique et pénétrant, baignait les ombres pareilles à vous. Un son de voix saisi au hasard ? Toutes étaient rigoureusement muettes. Les hommes seuls parlaient et je m'aperçus qu'ils étaient terriblement plus bavards que les femmes. Et mes tortures recommençaient sous forme de mazurkes, de polkas, de tournoiements méthodiques où mon cœur était broyé comme sous une meule. J'eus un moment de désespoir. Vous avez un signe auquel je ne me tromperais pas. Mais là ! Vous savez comme moi où il est placé. Il aurait fallu simuler un glissement maladroit sur le parquet et fourrager sous les jupes. Je sais que ce sont des manières que Mme de C... n'aime pas, que vous appréciez peu vous-même. Si j'allais justement tomber sur vous, à la première passe ! Vous seriez furieuse... Oui, mais je n'en aurais pas moins gagné mon pari et vous n'en seriez pas moins obligée de me donner l'Infini convenu.

* * *

Mon respect de la décence luttait mal contre mon désir de vaincre à tout prix. *Hoc signo vinces !* m'écriai-je en moi-même, m'inspirant des étendards du pieux Constantin. Un éclair de vrai génie descendu certainement sur moi du trône Paradisiaque où siège aujourd'hui, dans les phalanges sacrées, ce monarque sanctifié, traversa le désordre de mon esprit et l'illumina. « Tu vaincras par un signe », me répétai-je en bon français. Si je vous forçais, vous, à me reconnaître ! Je me souvins que vous m'aviez menacé de quelque chose la première fois que j'aurais de la cendre de cigarette sur le visage ou dans la barbe, comme il m'arrive quelquefois. Je m'éclipsais un instant et revins barbouillé de ces débris de fumerie. Oh ! une simple pointe grise seulement, sur une aile du nez. Mais l'effet fut immédiat, une petite main, — la vôtre, — me lança un soufflet, et une petite voix, — la vôtre aussi, — ajouta à ce geste charmant ces mots aimables :

— Animal, je te l'avais promis.

A moi l'Infini, ma chère ! Vous vous étiez trahie. Hélas ! je me suis réveillé avant que vous ayez eu le temps d'acquitter votre dette. Mais les inspirations du rêve nous viennent certainemeut des dieux et c'est un religieux devoir d'y obéir quand la pleine conscience de nos actes nous est rendue. Donc, mon Infini, s'il vous plaît!

BROUILLARDS

Une poussière d'argent clair fluide et froid flotte entre ciel et terre, comme si quelque planète éteinte s'y était brisée à l'infini. C'est comme un voile de lumière diffuse entre nos regards et les choses qui y deviennent vagues et vacillantes et comme délivrées des lois rigides de la pesanteur. Les contours s'estompent, les formes s'indécisent, les images se confondent; un peuple d'ombres a pris la place du monde des réalités vivantes. C'est, je l'avoue, pour moi, une grande joie d'imagination que ce phénomène maudit des gens hâtifs et des cochers et qui s'appelle : Brouillard.

Aller enfin un peu sans savoir où l'on va! Pouvoir rêver au bout de son chemin l'horizon de son rêve! marcher dans l'inconnu; construire autour de soi des paysages de féeries; emporter sous son front le décor de sa pensée! Et cette révolte elle-même de toutes les activités banales empêtrées dans ce filet d'obscurité menteuse! Tout cela a pour moi un charme que je ne saurais dire. C'est comme une revanche matérielle de l'Idée, un instant affranchie des servitudes coutumières.

Et cette lutte entre le jour brutal et le suaire tramé sur la route par l'aube! Sans rayons, simple disque de pourpre pendu dans le firmament, le soleil ne semble-t-il pas le cœur rouge de Lazare, battant à l'inutile voix d'un Christ et violemment maintenu dans le linceuil qu'il ensanglante? C'est un spectacle grandiose vraiment que celui de ce mort glorieux et que ce combat silencieux dont la Nuit ensevelira le secret.

La Nuit est descendue, mais sans arracher ce rideau de vapeurs qui cache maintenant le mystérieux lever des étoiles. C'est le même milieu où tout est confus; mais ce ne sont plus les ombres qui y passent, ce sont les lumières traversant cette ombre d'éclairs pâles pareilles à des feux follets, et nous rappelant que la vie erre encore autour de nous, inquiète, affolée, *quærens quem devoret*. Tout cela est empreint d'une mélancolie et d'une terreur où je me suis complu souvent.

*
* *

Ce que j'aime encore dans le brouillard, c'est qu'il me rappelle comment les amours vraies commencent. Tout à coup et, sans qu'on sache vraiment pourquoi, l'esprit s'embrume et tout ce qui fut le passé y descend derrière un voile d'oubli ; les anciennes tendresses ne sont plus que des spectres charmants et l'écho de leurs voix envolées ne tinte plus que des adieux. Une grande confusion se fait dans le souvenir ou plutôt le souvenir lui-même n'est plus qu'un horizon flottant dont un souffle inconnu balaye et fait pirouetter les nuées comme des feuilles mortes. C'est un vague ondoiement des chevelures longtemps baisées et dont les couleurs se confondent. Le cerveau goûte une douceur secrète à se sentir comme balancé dans ces fumées. C'est l'approche d'un de ces rares matins de l'âme qui la renouvellent. Un regard, un sourire ; moins que cela quelquefois et il n'en a pas fallu davantage pour envelopper l'être tout entier dans cette nuit bienfaisante qui lui garde le rajeunissement d'une aurore ! C'est ainsi que vous avez passé près de moi, ô vous que je n'avais jamais vue et ne croyais jamais revoir ! En vous quittant, j'étais pareil au voyageur que des brumes épaisses ont surpris et qui ne retrouve plus le chemin des tendresses accoutumées. Dans cette demi-clarté diffuse, vos yeux luisent tout à coup, troublants et furtifs. Après eux la nuit me sembla plus profonde où s'abîmaient toutes mes impressions. Je traversai des périodes d'angoisse et de doute, perdu dans ce néant où ma main mit si longtemps à retrouver la vôtre ! L'aube fut lente à naître, mais enfin elle naquit, triomphante sous la pâleur divine de sa face pareille à la vôtre, semblant porter, dans le flot noir de ses cheveux dénoués, les ombres qu'elle venait de chasser et de vaincre, comme Diane portait à son épaule son butin traînant après son carquois !

.*.

Nous fîmes, s'il vous en souvient, des promenades adorables par des temps décriés comme celui de ces derniers jours, quand le brouillard enveloppait Paris. Nous allions consciencieusement au Bois, comme si le Bois n'était pas partout quand rien ne le distingue des boulevards et des rues. Les passants, qui ne se révélaient à nous qu'en nous frôlant, nous causaient les terreurs les plus comiques du monde et j'en éprouvai, par le pressement de mon bras, un contre-coup délicieux. Vous n'aviez aucune bonne raison à me donner quand mes lèvres cherchaient tout à coup les vôtres, aucun témoin possible à évoquer pour réprimer mes audaces. Nous ne causions presque pas, parce que vous craigniez que le froid pénétrant vous fît mal, et ce silence à deux semblait nous isoler encore davantage, mieux consacrer une communauté de pensées qui n'a pas besoin de s'affirmer par des mots. Nous étions, pour moi, pareils à ces fiancés juifs qu'un même drap enveloppe sous le dais matrimonial, et c'était un encens d'hyménée dont nous étions comme baignés et rendus invisibles. Une musique immatérielle emplissait le vide de nos propres paroles, une musique d'épithalame qui chantait les grâces infinies de votre personne et les folies innombrables de mon amour. Que votre souffle m'effleurait alors doucement le visage ! C'était l'âme du printemps prochain qui venait déjà me promettre sur votre bouche les ivresses à venir dans le réveil sacré des choses ! Et l'âme du printemps ne mentait pas !. . . . .

Hélas ! pourquoi le brouillard n'évoque-t-il pas seulement les délices de mon unique tendresse ? Il en fait revivre aussi les angoisses, quand le doute me vint et que l'âme de celle que j'aimais me fut soudain si obscure sur ma route que je ne marchai plus que comme un aveugle et comme un désespéré ! Je me re-

retrouvai seul alors dans ces brumes maudites, seul en me disant que, peut-être et grâce à leur trahison, elle passait tout près de moi, doucement appuyée au bras d'un autre ami.

TAÏAUT

Je m'étais endormi, je ne sais pourquoi, en murmurant ce vers médiocre :

L'homme absurde est celui qui ne change jamais.

Ajoutons, pour la défense de cet alexandrin pitoyable, qu'il n'y a plus d'hommes absurdes aujourd'hui. Nous vivons dans un temps d'éclectisme où les opinions ont, pour le plus grand nombre, la durée d'un vêtement, et tout le monde sait comment les vêtements sont confectionnés avec les draps sophistiqués et les machines à coudre contemporaine. Il n'y a plus que les académiciens qui se commandent des habits solides, les académiciens et les trépassés opulents, par l'excellente raison que, comme le dit un vieux et sage proverbe :

Quand on est mort, c'est pour longtemps.

Le rêve appesantit notre imagination et notre pensée sur les derniers mots qui, pendant la veille, ont donné dans notre oreille et même simplement dans notre cerveau. « Ce vers a raison, me dis-je à peine engourdi dans mon premier sommeil. Il est tout naturel qu'après avoir été immuable dans mes goûts, pendant une quarantaine d'années, j'éprouve un vague besoin d'essayer des goûts des autres et de consacrer une période de ma vie au moins égale, s'il plaît à Dieu, à brûler soigneusement tout ce que j'ai adoré et à adorer tout ce que je brûlais consciencieusement. Je vais rechercher l'amitié des dames maigres pour connaître par quel charme mystérieux elles remplacent ce qui leur manque au bas du cou et au bas du dos. A moi la chasteté des carmes qui s'adressent à des mythes et des illusions fondantes sous l'audace déçue des doigts amoureux! Non, ma belle, vous n'êtes pas encore mon fait, puisque vous ne pouvez vous asseoir dans le dé de Jenny l'ouvrière. Jeûnez cinquante jours comme Merlatti, mon enfant, sous la surveillance du docteur Monin, si vous le pouvez, car c'est un homme d'esprit qui vous amusera à passer le temps. Vous repasserez ensuite. Pendant ce temps-là, fidèle à mon programme de palinodie complète, je lirai de la prose de Caro et des poésies de Camille Doucet, pour apprendre comme la banalité des pensées peut exalter l'âme et la médiocrité des rimes enchanter l'ouïe ; ou bien je ferai ma société ordinaire d'hommes politiques qui m'apparaîtront désintéressés, patriotes et pleins de talent pour bien constater le renversement absolu de toutes mes opinions. A moins que je ne parie aux courses, mêlé à la foule sympathique des boucs Maquaires (tant pis pour l'orthographe anglaise, mais j'écris en français comme je prononce), ou que je m'habille en sportsman dans les villes d'eau. Je veux tenter, en un mot, le secret de toutes les joies que je n'ai jamais comprises et que je me permettais de trouver imbéciles pour cette puérile raison! »

*
* *

Et, les formes du songe d'abord indécises se figeant, plus solides dans mon cerveau, comme ces nuées légères qui, après leur course vague dans le ciel, semblent prendre corps à l'horizon, marches de marbre rose, sur lequel le soleil déclinant posera son pied d'or, j'entrai nettement dans le domaine de l'action et, ayant médit de la chasse plus que de tout autre exercice élégant, je m'imaginai que j'allais prendre un permis. Ma mémoire me disait bien mille choses désagréables, me rappelant que, la veille encore, je tenais à un Nemrod endurci ce discours plein de prud'homie : « Que voulez-vous, mon cher ! je ne puis me livrer, par tempérament, à un acte belliqueux que mû par un sentiment extraordinaire de haine ou de vengeance. Or, j'ai beau me fouiller jusqu'au fond de l'âme, je n'y trouve aucune cause d'inimitié contre les lièvres et contre les lapins. Tout enfant, j'ai beaucoup vécu dans les bois et j'adorais voir passer, rapides, ces sauvages amis qui aiment, comme moi, l'éclat de l'aurore, le parfum du thym et les larmes de la rosée. Je retenais ma respiration pour ne les pas troubler et j'étais presque fier de leur confiance quand ils venaient brouter l'herbe auprès de moi, en ayant l'air de m'admettre dans leur intimité. Un sentiment de fraternité s'élevait en moi à leur approche, et puisque les oreilles ont été données aux êtres pour s'instruire, je m'imaginais volontiers, à voir la longueur des leurs, qu'ils étaient des quadrupèdes doctes et savants, venus pour m'observer moi-même et faire, aux sujets de mon espèce, des mémoires à leurs sociétés d'encouragement. Loin de songer à les tourmenter, je m'efforçais donc de leur paraître beau, noble, intelligent, afin qu'ils disent du bien de moi dans leurs gazettes. Car, s'il est flatteur d'être loué par son semblable, combien l'est-il davantage de voir sa gloire franchir les bornes de la simple humanité ! » J'avais dit tout cela ! Eh bien, je disais exactement tout le contraire, comme un simple député. Mon permis était en règle, mon fusil chargé. A moi, Rustaud! A moi Médor! Taïaut! Taïaut!

***

Les impressions se mêlent volontiers dans l'état où j'étais le penseur endormi. J'avais lu dans la journée le très curieux livre et très instructif de mon ami Léonce Détroyat : *La France dans l'"Indo-Chine*, et le passage suivant sur la façon dont on chasse le cerf dans l'île de Battambang m'était resté dans l'esprit. Le voici, sans y changer un mot :
Cette chasse est pratiquée par des chevaux d'une race particulière, à demi sauvages et dressés à cet effet. Monté par son cavalier, dès que le cheval aperçoit le cerf, il se précipite à sa poursuite avec une vitesse vertigineuse qui lui permet même de le dépasser. Dès qu'il l'a atteint, il se jette sur lui, il le mord avec rage et l'achève à coups de sabots. Comme récompense, on charge la victime sur son dos et il rentre ainsi triomphant au village... J'en avais déjà

assez de leurs chiens; Médor et Rustaud étaient deux bêtes assourdissantes. Et, sans tirer un seul coup de mon fusil que je pendis à un arbre, je fis venir, avec la rapidité dont nos vœux disposent dans le rêve, un de ces petits chevaux de l'île de Battambang pour tenter une chasse vraiment originale et digne d'un homme qui lit les livres de voyage. J'avais déjà enfourché ce diabolique coursier à la crinière noire comme vos magnifiques cheveux, ma chère, et il ne me manquait plus qu'un cerf convenable pour le courir ou pour le courre, comme vous aimerez le mieux. Il faut vous dire que, ne connaissant pas le chemin de l'île de Battambang et étant, comme vous le savez, un peu casanier de nature, j'étais resté dans le bois de Boulogne, tout simplement, ce bois qui m'est cher pour nos anciennes promenades.

C'était un samedi soir, après le départ des cavaliers et des piétons, dans une solitude relative que troublait seul le bruit de la respiration de la grande Ville, sous une belle clarté de lune qui étendait, par les allées, de grandes nappes d'or pâle comme pour inviter les esprits nocturnes à leur souper habituel, quand les sylphes boivent du vin d'étoile dans la coupe rapidement formée des vobulis. Je m'abandonnais, je l'avoue, à mille pensées très lointaines de la chasse commencée. Je vous revoyais sous ces belles ombres tranquilles, et la douceur des premiers aveux chantait autour de moi, dans la musique des branches à peine détendues par un frisson de brise. Tout à coup, mon petit cheval dressa furieusement les oreilles; sa crinière se hérissa, si haute qu'elle me fouetta le visage, et, comme fou, il m'emporta à la poursuite d'une ombre qui fuyait, devant nous, laissant traîner après elle l'image allongée et double des appendices jumeaux dont son front était paré. C'était un cerf! un cerf magnifique échappé sans doute du Jardin d'acclimatation! Ma monture était comme ivre de carnage entrevu! J'avais une peur horrible qu'elle ne me flanquât par terre. Elle allait atteindre sa victime et levait déjà sur elle la menace mortelle de ses sabots fumants quand l'ombre se retourna, suppliante. J'eus le temps et la force de maîtriser, avec les brides, ce maudit cheval battanbamgien. Au risque de lui briser les dents avec le mors, ses dents déjà tendues sur l'échine du fuyard, je le clouai sur place. Il était temps ! Ce n'était pas un cerf que nous avions forcé, mais un homme, un monsieur très bien, un marié du jour que nous avions rencontré dans l'après-midi, sa jeune femme toute blanche au bras, et en tête d'un cortège d'amis. Toujours en habit noir, il s'était jeté à genoux :

— Eh quoi, monsieur, déjà ? ne pus-je m'empêcher de lui dire avec compassion, pour excuser l'erreur dont il avait été l'objet de la part de mon cheval et de la mienne...

. . . .

Mais l'émotion avait été trop forte et je me réveillai. Je résolus immédiatement, pour ne plus m'exposer à de tels périls, de reprendre mes goûts antérieurs et mes antiques manies. Je vous en donne avis, ma chère âme, pour que vous ne vous avisiez pas de perdre, par des traitements intempestifs, les charmantes rondeurs qui me font si doux le commerce de vos charmes, comme on disait peu galamment dans un temps plus galant pourtant que le nôtre !

AMOROSA

Un tapis de neige, mais si léger que partout le gazon le perçait de mille flèches d'émeraude et que le sable des allées, apparaissant au travers, lui faisait comme une doublure transparente d'or clair ; une poussière de neige courant le long des branches noires et saupoudrant les buissons comme des vieux rabougris sous des perruques surannées. Le soleil irradiant ces blancheurs furtives, promenant sur les troncs rugueux ses lumières décomposées qui les faisaient apparaître bleus à l'envers de sa course. Des lointains presque violets, très estompés de gris clair et rayés imperceptiblement par l'enchevêtrement des futaies. Sur tout cela, la sérénité silencieuse d'une heure matinale. Jamais ce coin du bois ne m'avait paru si charmant, et le vol des souvenirs y descendait avec celui des moineaux et des mésanges s'abattant sur les mousses avec de petits cris où pleurait la désespérance du printemps. Quelques jacinthes çà et là crevaient cependant la terre noire, et des bourgeons trop tôt venus perlaient aux branches. Un peu de patience, mésanges et moineaux ! Un peu de courage, ô cœur impatient de renaître !

Après une longue promenade sous le fouet de l'air vif qui me piquait au visage, je m'étais assis sur un banc, dans un coin largement illuminé, ce qui lui donnait une impression de tiédeur relative. Mes yeux, fatigués de l'horizon scintillant où semblaient passer des vapeurs de givre, s'étaient abaissés vers le sol, mille clartés roses me passaient sous les paupières et de minuscules étoiles d'or à travers les cils. Mon regard flottait, avec ma pensée, dans un vague très doux, quand il s'arrêta soudain sur une place d'une blancheur immaculée que traversait un dessin bizarre tracé par la course d'un oiseau. Les petites pattes avaient semé comme un trèfle noir qui courait suivant une ligne capricieuse. On eût dit des hiéroglyphes et je me pris, le plus sérieusement du monde, à vouloir déchiffrer cette mystérieuse écriture, à chercher un sens à ces caractères si nets, et se succédant suivant un rythme inconnu. On a toujours sa bonne volonté pour complice du hasard dans ces enfantillages, et de la meilleure foi du monde, je lus un nom, comme si mon cœur était soudain tombé sur cette neige.

L'oiseau tout seul était remonté dans la nue, sans y emporter mon âme.

.·.

Et je me souvins d'un autre hiver, dans ce même bois, d'un hiver où la neige aussi était partout, comme si un fleuve de lait se fût soudain ouvert au flanc de quelque montagne du ciel. Car les nuages sont comme les collines d'un paysage suspendu au-dessus de nos têtes et souvent semblent-ils, à l'horizon, prolonger les chaînes de nos collines terrestres dans la clarté rouge et moutonnante des couchants. Oui c'était par un hiver tout pareil et dans un pareil décor que j'avais aimé pour la dernière fois peut-être. Une longue rêverie à deux, telle avait été l'histoire de cette tendresse ; des baisers furtifs en avaient été tout le langage, et la douceur m'en était restée comme celle d'un parfum bien pénétrant qu'on a respiré sans avoir cueilli la fleur qui le donne. Qui nous avait poussés l'un vers l'autre ? Un hasard. Sans coquetterie, elle avait posé sa main sur mon bras et nous étions parti pour je ne sais quel voyage à la fois tendre et sans but, ne voulant savoir où nous allions, pourvu que ce fût ensemble. Et tous les chemins nous étaient aimables pour marcher ainsi côte à côte, même ceux que la gelée avait fait durs, même ceux que la neige rendait froids et glissants. Quelquefois il me fallait la retenir dans une étreinte où se fondait mon cœur ; souvent sa jolie tête brune dut se coller à mon épaule pour fuir les fouaillées des bourrasques. Je respirais alors de si près son haleine qu'il me semblait que j'allais mourir.

Jamais mes lèvres n'avaient osé se pencher jusqu'à son front, mais elles s'appuyaient aux bords de son chapeau, dans le frémissement de sa plume et dans le chatouillement de sa voilette. Nous étions l'idylle égarée, je ne sais de quoi de fou et d'innocent tout ensemble, mais de plus troublant cent fois que l'ardeur des caresses. Que d'heures de passion virile, de plaisir âpre et partagé sont tombées pour moi dans le gouffre de l'oubli, tandis que tout est resté dans ma mémoire de cet enfantillage cruel et délicieux ! Telle s'engloutit, dans les profondeurs d'un lac, la splendeur pourprée des pierreries, tandis qu'une simple feuille tombée d'un arbre y surnage longtemps sur l'eau bleue qui la berce.

O dernière feuille tombée de l'arbre automnal que je suis !

*
* *

Tout en elle était exquis; mais ses pieds, ses pieds tout petits et d'un dessin superbe étaient un de mes platoniques ravissements. Une fois que nous marchions au hasard sur la neige durcie, elle s'amusa à en graver l'empreinte sur le sol, une empreinte bien nette, en y pesant de tout son poids. La semelle de sa bottine s'y moula et le talon y fit un creux. Elle eut grand'peine à m'empêcher de me mettre à genoux pour baiser cette trace. Mais ce qu'elle ne put faire, ce fut de m'empêcher de revenir le lendemain seul, à cette place, et d'y demeurer longtemps en contemplation devant ce rien fragile. J'y retrouvais comme un piédestal de marbre sur lequel se dressait mon idole, dans le temple tout parfumé encore de sa présence et de l'encens de mes adorations. Je la revoyais debout dans l'épaisseur moite de ses fourrures d'où son noble profil émergeait comme sculpté dans un ivoire vivant, et le rayonnement clair de ses yeux aux reflets d'améthiste m'enveloppait, un noyau d'extase attirait à soi tout mon sang comme le rayonnement du soleil boit la matinale rosée. Ce m'était une terreur qu'un autre pas vînt profaner celui-là, qu'une neige nouvelle vînt estomper puis anéantir ce contour, qu'une journée de chaleur emportât cette image dans les coulées indifférentes du dégel. Mais le lieu était solitaire et nul n'y passa de longtemps après nous ; le ciel ne roulait plus d'avalanches dans ses profondeurs ardoisées et le temps demeura froid durant plusieurs jours encore. Aussi puis-je refaire quotidiennement mon pèlerinage, reprendre, chaque matin, mes courses dévotieuses vers cette relique étrange, n'osant confier à celle même que mon culte patient adorait ainsi, cet enfantillage de ma pensée toute remplie d'elle ! Qui dira ce qui s'en va de notre âme dans ces aspirations muettes vers l'infini de l'Amour, celui que ne comblent pas même les délices furieuses de la chair rassasiée ?

Un jour de soleil vint cependant qui fondit la neige ainsi sculptée. Mais sa chaleur ne vint pas jusqu'à mon cœur où l'empreinte est demeurée, toute saignante encore du talon qui l'avait meurtri.

*
* *

Ainsi s'effaceront demain, après demain peut-être, les traces qu'avait laissées hier, sur la neige, à l'endroit que je regardais sans penser, la course capricieuse de la mésange ou du moineau. L'oiseau s'est envolé; Dieu sait où ! Heureux ceux qu'emporte dans l'azur le caprice vainqueur d'une aile toujours ouverte! Entre ciel et terre il s'en va, aussi près du ciel qu'il lui plaît! Telle s'envole aussi ma pensée vers celle qui me donna la joie inattendue de l'aimer comme je n'en avais aimé aucune autre, et qui m'apprit que le poète eut raison, qui dit :

> Ce sont les plus petites choses
> Qui témoignent le plus d'amour.

En attendant les grandes, comtesse, cependant !

MENSONGES

Un feu mourant dans la cheminée longtemps flambante, un soleil admirable au dehors étendant, à l'angle de ma table, une nappe oblique dorée; un rideau d'azur derrière ma vitre et autour de moi une température de serre, tiède dans un air sans frissons; je goûtais le repos dominical, allongé sur mon divan, une cigarette aux spirales bleues entre les doigts, un livre sous les yeux, des vers, parbleu ! le beau volume de mon ami Laurent Tailhade, celui que j'avais baptisé moi-même : *le Pays des Rêves*. Ce poète exquis connu de tous les délicats, vient de se marier et m'a cru devoir envoyer une façon de testament lyrique, ses dernières rimes, pense-t-il. Je n'ai jamais fort aimé le mariage, mais j'en demanderais l'abolition immédiate s'il était vraiment mortel aux poètes. Par bonheur, il n'en est rien, mon cher Tailhade, et j'en connais de fort grands — vous aussi, qui avez dîné avec moi à la table de Banville — lesquels lui ont survécu. C'est ce que je vous souhaite de toute mon âme !

Je lisais, ou mieux je chantais en moi-même, — car la musique du vers éveille en moi un orchestre invisible, comme si les doigts magiciens de sainte Cécile, si bien nommée par Mallarmé : « Musicienne du silence », y couraient sur un clavier mystérieux — les belles strophes, bien empreintes de sucs latins, de ce noble recueil quand un parfum très subtil de lilas envahit mon cerveau, une odeur extrêmement délicate et pénétrante, comme le vol d'une âme de fleur. Et comme rien n'invite mieux à la lente rêverie que le bercement des rythmes et les cadences ailées qui emportent la pensée vers les mondes inconnus, vous me pardonnerez, Laurent, mais mon regard se souleva peu à peu de votre livre, se perdit dans des horizons vaguement baignées de lumière : votre musique ne fut plus dans ma tête qu'une série d'échos comme ceux que répercutent les monts plongeant leurs grandes ombres dans un lac nocturne. Cette senteur de lilas m'avait grisé certainement.

.·.

Eh oui! cette bonne chaleur dont je me sentais pénétré et que je savourais comme font les moineaux le ventre dans le sable; cette éblouissante clarté qui descendait des vitres et cet éclat limpide du ciel que j'admirais au travers; ces harmonies qui vibraient en moi; ce souffle embaumé dont je me sentais poursuivi... le printemps était venu tout à coup certainement, et c'était la fête immortelle des choses dans la béatitude inquiète des êtres et l'épanouissement des renouveaux. Qui donc avait dit que cet hiver obstiné ne finirait jamais! Les voilà réduites à néant, les prophéties des astrologues qui nous montraient Avril posant sur la glace mordante ses pieds roses et frileux! Evohé! le printemps s'est souvenu! C'est dans les allées des jardins que resserrent leurs bordures touffues, parmi les mousses des grands bois dont le velours se renouvelle, le long des ruisseaux délivrés, une floraison éperdue de violettes et de muguets tintinnabulants dans la brise. Mais non! Les violettes et les muguets ne sont déjà plus. Ce sont les lilas superbes qui, comme des guerriers, secouent leurs panaches au vent sous la fanfare de cuivre des aurores. Les oiseaux amoureux ne se poursuivent plus dans les branches, mais la chanson tremblante des nids arrête çà et là le promeneur religieux. Le printemps ne s'est pas seulement souvenu ; il a franchi d'un bond les marches de l'apothéose et couru vers sa splendeur comme un astre vers le zénith. L'immense joie de tout ce qui est salue l'hôte glorieux qui passe le front couronné de soleil.

⁎ ⁎
⁎

Et c'est comme une tristesse horrible qui m'étreint, seul, dans le torrent des universelles gaietés, un *De Profundis* qui monte de mon cœur dans la voix des hosannas. Car vous n'êtes pas près de moi, ma chère âme, dans ce réveil triomphant des âmes appareillées se mêlant dans l'air chargé de baisers. Je vous cherche auprès de moi, sans vous y trouver, vous m'aviez dit pourtant : Quand donc nous aimerons-nous avec toutes les fleurs? Et vous m'aviez promis le retour des belles promenades, le long des taillis obscurs où le rossignol court à terre, au bord des eaux calmes où descendrait votre noble image tremblante dans un frisson d'argent, sur les routes lointaines où l'on marche entre les genêts constellés comme au milieu des débris d'un ciel écroulé. Et votre bras devait se poser encore sur le mien, à l'heure des douces lassitudes, quelques pas encore; et votre belle tête brune, aux cheveux dénoués par le vent, s'inclinerait sur mon épaule, tendant votre front vers ma bouche comme un lis battu que relèveront les rosées. Vous m'aviez juré que nous irions ainsi par des chemins faits de caresses sous la grande caresse du ciel. Vos toilettes plus légères et vos pudeurs mieux vaincues me laisseraient respirer les odeurs divines de votre être dans l'innombrable parfum de toutes les fleurs épanouies. Vous seriez comme un jardin vivant dans le Paradis. A vous entendre, ce printemps serait plus doux encore que le dernier où mon désir osait vous effleurer à peine, mais où je goûtais déjà mille joies intimes et profondes à entendre le son de votre voix, à boire votre haleine, à contempler, craintif, votre impeccable beauté... Et vous n'êtes pas là! quel cimetière de bonheurs et de rêves, je foule dans les sentiers fleuris!

*
* *

L'impression m'avait été si cruelle que je me levai brusquement pour être mieux sûr de m'en réveiller. Je quittai brusquement le livre, le divan et la chambre tiède; je descendis dans le parterre qui s'étend au bas de ma croisée et ce fut comme une coupure de givre qui me passa au visage. Le mirage du printemps s'évanouit en même temps. Oui, le ciel était clair et bleu, comme il m'avait apparu à travers la croisée et le soleil battait la nue de son aile de feu, mais si haut qu'aucun souffle de chaleur n'en descendait jusqu'à la terre. Celle-ci était encore dure et gelée, crépitante sous le pied et rayée çà et là d'aiguilles de glace ou bien portant, à l'ombre, de vagues moisissures de neige, comme une peau d'hermine mangée aux vers. Pas une feuille naissante aux arbres! Les lilas! un enchevêtrement de ramures noires avec, çà et là, un bourgeon rabougri, réfréné, pareil au bout d'une flèche émoussée. Les sèves, inutilement appelées, étaient venues mourir à fleur d'écorce, impuissantes à percer l'enveloppe encore lourde de frimas. Oh! j'avais rêvé, bien rêvé! J'avais dit trop vite adieu à mon beau songe. Vous n'avez pas été parjure, ma chère âme, le temps n'était pas encore venu. Voilà tout!

Et tout joyeux de l'horreur encore répandue partout, l'hiver refusant d'abdiquer, je rentrai bien vite dans la pièce à l'atmosphère moite où m'attendait le volume interrompu, où la cigarette éteinte ajoutait sa mélancolie au désordre de ma table de travail.

*
* *

Décidément j'étais hanté. La même odeur de lilas me courait aux narines. J'avais repris le *Pays des Rêves* à la page ouverte et, ayant relu les derniers vers, comme un rameur qui, avant de reprendre sa route, s'entraîne au rythme par une série de mouvements jumeaux, je tournai celle-ci. Il en tomba sur mes genoux quelque chose qui était sans doute resté collé au verso. Je le ramassai bien vite et tout me fut expliqué de l'illusion qui m'était subitement venue et menaçait de me reprendre. C'était une toute petite branche de lilas, le sommet d'une grappe seulement qui avait été aplatie entre deux feuilles du volume, un bout de fleur desséchée, mais qui avait gardé toute son âme odorante, une de ces reliques d'amour que les fervents gardent et qui ne font sourire que les sots. Et l'histoire me revint bien vite de ce rien précieux, une histoire comme tant d'autres. Vous l'aviez cueillie dans un jardin défendu, cette petite branche, et je l'avais conservée en mémoire de votre aimable péché, si charmante je vous avais vue, craintive dans le larcin et tendant vos chères mains blanches vers la branche trop haute que je tentais d'abaisser vers vous. C'est en nous quittant seulement que vous me l'aviez donnée, la petite grappe qui, tout le jour, avait pendu à votre corsage, bercée par votre souffle, renouvelant au vôtre son parfum. Et je l'avais enfermé, dans un de mes livres aimés, là où j'étais sûr de la retrouver, dans un beau cercueil cloué de rimes d'or.

O lilas, chers lilas, que j'ai respiré avant la floraison du lilas, fleur de souvenir, tu m'es encore, Dieu merci, une fleur d'espérance!

ENTRE TERRE ET CIEL

I

J'avais fait un rêve vraiment délicieux : j'étais redevenu l'enfant rose avec de longs cheveux bouclés dont ma famille a religieu-

24.

sement gardé le portrait fait au pastel par la fille du ministre Salvandy, — vous voyez que ce n'est pas d'hier! — J'avais récité mon catéchisme avec une conviction particulière et, pour me récompenser de ma condescendance à accepter les mystères de la foi, on m'avait mené chez le pâtissier, au bout du pont où j'ai pêché mes premiers goujons en faisant l'école buissonnière. Un admirable spectacle était devant mes yeux : de hautes meringues blanches s'effondraient sur un lit savoureux de croquants; de beaux filets de sucre blanc soutachaient des crèmes solides aux couleurs nationales du café et du chocolat. Un superbe croquembouche, majestueux comme une cathédrale, léchait avec mille langues de caramel, pareilles aux flammes d'un incendie, de hautes murailles de nougat. Jamais gobichonnades plus variées n'avaient sollicité l'humeur friande d'un innocent.

Réveillé, j'ouvris ma fenêtre, et, — à part que j'avais une trente-cinquaine d'années de plus qu'en ce temps-là, — il ne me semblait pas que je fusse sorti de mon rêve. La nature n'était qu'une immense boutique de confiseur. Sous la neige menue tombée la nuit, les arbres avaient l'air saupoudrés de sucre râpé. Les petits ruisseaux gelés avaient les cristallins reflets du sucre candi. Une mousse blanche avait fait des buissons autant de saint-honorés et un commencement de dégel faisait les ardoises des toits pareils à des babas pleurant leurs larmes de rhum.

Mais tout cela n'était pas aimable comme la boutique du bout du pont où il faisait une si bonne chaleur, imprégnée d'odeurs succulentes! Un froid horrible dans mon jardin, un froid qui fait pousser au nez des rubis, et, pensant à l'auteur de ce déplorable hiver, je ne pus m'empêcher d'appliquer au créateur de toutes choses cette épithète qui était, chez le pauvre Hennequin, le dernier signe du mépris : Sale pâtissier!

Et je pensais aussi à ce mot mélancolique d'Aubryet sur son lit de douleur, disant à un ami :

— Sapristi, mon cher, si nous nous revoyons dans la vallée de Josaphat, tu verras, quand on nommera l'auteur de la pièce, comme je sifflerai !

II

Voilà quelques instants déjà qu'une musique mystérieuse me chante aux oreilles. Elle ne vient pas du dehors et ce n'est peut-être que la chanson d'un rêve dans mon esprit. J'écoute au-dedans de moi. C'est comme un susurrement de ruisseau lointain sur le sable. Non ! ce n'est pas encore cela. Un bruissement de feuilles sous le vent matinal et que roule à l'horizon des nuages roses ? Pas encore. Un crépitement vague de friture dans l'air où passe la gaîté d'une fête foraine ? Non ! non ! je me prête de plus près encore une oreille attentive. C'est décidément un gazouillement d'oiseaux, un gazouillement mélancolique comme celui des passereaux se groupant, en hiver, sur les branches.

Ah ! je sais maintenant : ce sont les hirondelles de là-bas qui voudraient revenir et que leurs sentinelles avancées, leurs éclaireurs aux noires ailes, retiennent derrière la barrière que ne franchit plus le soleil, dont la tiède caresse est leur vie. Et ces compatissants volatiles, se rappelant les nids laissés aux toits de Paris, ont la nostalgie de ce ciel de France où s'obstinent les bourrasques, où les frimas s'accumulent au mépris des avertissements du calendrier. Et elles nous saluent de loin, ces chères exilées qui se demandent si le printemps nous reviendra jamais et si les pruniers porteront, cette année, d'autres fleurs que ces fleurs de givre dont les immobiles pétales ne frémissent pas aux souffles du matin !

III

J'avais absolument besoin de m'en prendre à quelqu'un ou à quelque chose du fâcheux état de l'atmosphère où je grelottais. J'éprouvais un désir immodéré de vilipender même un innocent, une de ces soifs ridicules de revanche qui font que lorsqu'une femme a été malheureuse avec un amant, elle le fait payer à celui qui vient après. Je pensai méchamment que le marronnier du vingt mars devait faire une drôle de tête cette année, et je fis le voyage des Champs-Élysées, uniquement pour aller faire la nique à ce vieillard.

Son air piteux dépassait encore tout ce que ce que j'avais prévu.

Je lui tirai ironiquement mon chapeau et lui tins ce langage : Eh bien ! vieil arbre politique, as-tu chaud aux pieds ?

Sous une bourrasque de vent, il me sembla qu'il hochait insensiblement la tête comme pour me dire : Non. Et comme il avait été bon raillard dans son temps, j'entendis, en même temps, un craquement singulier dans son écorce.

— Ah! ah! repris-je, mon gaillard, vous non plus vous ne vous contentez pas de dodeliner du chef, mais vous barytonnez aussi du reste à l'occasion.

Un zéphyr tiède était-il passé dans les branches de mon silencieux interlocuteur? Mais une goutte d'eau me tomba sur le nez. Je levai les yeux. L'arbre pleurait. Je regrettai vivement d'avoir été aussi loin et pour lui témoigner de mon respect pour son âge, en abordant un plus sérieux sujet :

— Voyons, noble Ratapoil, lui dis-je, toi qui mieux que personne, dans le recueillement mystérieux des choses, as pénétré l'âme césarienne, crois-tu vraiment que Boulanger voulait devenir dictateur et jouer les Napoléons?

Je n'eus pas le temps d'en dire davantage. A la base de l'arbre je vis un tressaillement de la terre. Une pousse rugueuse et noire en sortit violemment, noueuse, au milieu, comme une jambe au genou. Épouvanté, je me retournai, mais ce fut une maladresse. Je reçus une accolade d'un genre particulier en travers de mon haut-de-chausse. Je courus, mais ce fut inutile. Car, jusqu'à la place de la Concorde où je déboulai comme un fiacre emballé, le marronnier me poursuivit, suivant une image héroïque du poète Gustave Mathieu, à grands coups de racine dans le derrière.

IV

Il neigeait aussi à Francfort, et la maison du bon Hans von Bourik, sa petite maison rouge aux dentelures de bois, était comme posée sur un tapis épais et blanc comme une immense fourrure d'hermine. Hans von Bourik possède une fort jolie femme et qui casserait fort bien son cent de noisettes en s'asseyant dessus. Or, l'ancien fiancé de Gudule, — ainsi se nomme cette opulente créature, — se consola de ne l'avoir pas épousée en faisant cocu formidablement l'impertinent qui avait pris sa place à l'autel. Hans von Bourik a bien quelques soupçons, mais il manque absolument de preuves. Il se sent intérieurement déshonoré sans pouvoir articuler aucun fait.

L'ancien fiancé qui s'appelle Fritz von Sauciss rentre de la brasserie, sa longue pipe à la bouche, à une heure de la nuit fort avancée, l'esprit nageant dans une blonde vapeur de bière. Il se souvient tout à coup qu'il a oublié de dire à Gudule l'heure à laquelle il la verrait le lendemain, pendant une absence de son fâcheux mari. Pour réparer cet oubli condamnable, il s'en vient rôder autour de la petite maison rouge aux dentelures de bois de Hans von Bourik. Mais on y dort profondément. Et puis sous quel prétexte en réveiller les hôtes — Écrire alors ! — Bon ! Fritz s'aperçoit encore qu'il a laissé son crayon et ses tablettes sur la table de la brasserie qui est certainement fermée maintenant. C'eût été si simple de glisser un mot dans une cachette entre deux pierres où le génie fureteur de Gudule l'aurait certainement trouvé le lendemain matin.

Un trait de lumière jaillit au cerveau de Fritz von Sauciss, comme un rayon de soleil qui traverse les brouillards. Il lui vient directement de la vessie, ce qui n'est pas la marche ordinaire des idées chez un homme à jeun. Mais notre gaillard avait bu infiniment de chopes mousseuses et il ne les pouvait décidément plus contenir. Or, voyez comme l'inspiration nous peut venir de n'importe où ! Fritz pense que ses expansions naturelles et tièdes feront des trous dans la neige et, convenablement dirigées, pourront même y tracer des caractères. Avec cette encre nouvelle et sur ce papier nouveau — je ne parle pas du nouveau porte-plume — il parvient donc à tracer très distinctement, devant la porte de

Hans, ces mots destinés à sa femme : *A midi demain*. Et, en se gardant bien de signer, il se retire, enchanté de son imagination.

Le malheur fut que c'est Hans, qui, étant sorti, le premier, lut avant personne ce billet de par terre. Les yeux des cocus se dessillent quelquefois de la façon la plus inattendue. Il rentra furieux et dit à Gudule :

— Un homme vous a donné rendez-vous en écrivant sur la neige, et cet homme est Fritz, votre ancien fiancé.

— Est-il possible, s'écria Gudule, et quelle idée !

— Inutile de nier, madame, continue le justicier domestique, j'ai reconnu son écriture !

V

C'est dans l'intention formelle de vous acheter des fleurs que j'étais sorti, ma chère âme, je vous le jure. Mais les volets étaient clos et close aussi la porte de mon fournisseur ordinaire. Il y avait même écrit dessus : « Fermé pour cause de décès. » De décès? pourvu que ce ne soit que le sien ! C'était un petit vieillard désagréable et qui surfaisait sa marchandise. Dieu ait son âme ! Mais pourvu que le décès dont il s'agit ne soit pas celui du Printemps ! Voyez-vous Avril n'ouvrant à Mai qu'une porte embarrassée de frimas, et celui-ci passant comme un corbillard de pauvre, sans fleurs épanouissant leurs gerbes même sur son cercueil ! Et les promenades projetées le long des eaux claires où, nouvel Ulysse, j'aurais poursuivi, en vous, une Nausicaa plus charmante que celle des Odyssées ! Et les licites promesses sous les aubépines ! Tout cela sera-t-il donc enterré avec ce mot exquis, dont l'âme sera partie, sans doute dans le parfum de la première violette ?

Je ne veux pas penser, ma chère, à cet écroulement de tous les bonheurs médités au coin du feu durant les mois qui viennent de finir. Je ne veux pas vous offrir, non plus, bien qu'elle soit la plus charmante du monde, cette branche de fusain sur laquelle la neige a cependant dessiné, en blanc, des fleurs tout à fait curieuses suivant le caprice des feuilles. Un rayon de soleil n'aurait qu'à venir et à les fondre ! L'image d'un impérissable amour ne saurait être un si périssable présent !

JACINTHES

Roses et bleues, violettes et mauves, les jacinthes ouvrent seules leur cœur déchiqueté, leur cœur de marbre vivant, tendre et veiné comme une chair délicate.

Quand donc aimerons-nous avec toutes les fleurs?

Cet hiver sans fin qui tient les germes captifs sous l'écorce durcie de la terre étend son oppression jusqu'à nos pensées qu'il étreint, jusqu'à notre âme qu'il referme sur ses désirs. En vain le Temps nous a-t-il pétris d'artifices, il n'a pu nous arracher encore à la grande loi qui fait tristes ou gais les êtres et les choses, tout ce qui meurt d'ombre et tout ce qui vit de soleil. D'ailleurs, quand il n'en sera plus ainsi, il sera temps que l'humanité finisse et tombe, comme un fruit pourri, dans le néant, comme un fruit où s'est tarie la dernière goutte des sèves universelles.

En attendant, résignons-nous à être comme les bêtes et comme les plantes qui souffrent des matins trop lents et des soirs trop rapides, éperdues des lumières et des chaleurs à venir. C'est encore le meilleur de notre lot et ce qui nous reste de divin.

Quand donc aimerons-nous avec toutes les fleurs, nous qui n'apportons encore aux bien-aimées que des lilas de serre, chlorotiques et mourants, sans haleine et sans feuillage, ou des roses frileuses qui pleurent leurs pétales sur les tapis, ou des violettes lointaines que ne gonfle plus le souffle sauvage des bois? Et cependant de quel sourire joyeux, de quelle main blanche avidement tendue vers nos indignes présents elles accueillent les fantômes de fleurs, celles qui portent, en elles aussi, l'espoir meurtri des nouveaux immortels! C'est une grande pitié qui s'échange entre ces exilées de l'azur. Les fleurs semblent tendre leurs lèvres vers celles des femmes comme pour y chercher un peu des tiédeurs obstinées du sang qui les empourpre. Et la bouche des femmes se penche volontiers vers celle des fleurs pour y boire un peu des fraîcheurs humides et parfumées qu'ont gardées leur corolle.

.*.

Quand donc reverrons-nous ensemble, mignonne, les coins de bois que les matins ensoleillés emplissent d'une vapeur dorée, d'une poussière de clarté rose roulée par les brises à l'horizon ? Il advint plus d'une fois quand, déjà lasse de notre course aurorale, vous vous étiez assise sur un banc, que je me pris à contempler votre tête brune se détachant sur ce fond d'apothéose, comme les figures des vierges sur le fond des vitraux et des missels. Vous étiez toute nimbée comme une sainte, vous qui ne savez de litanies que celles des baisers et dont le mysticisme tout sensuel n'a pas les ambitions de celui de sainte Thérèse, l'amante attardée d'un Dieu. Oui, ma chère, cette auréole vous seyait à ravir et tous nos paganismes ressuscités s'agenouillaient devant vous. Car vous étiez là comme une déesse d'un temple plein d'encens vagues et de musiques mystérieuses. Tout chantait autour de vous l'hymne de votre Beauté sacrée, l'orgueil de votre chevelure où les souffles mettaient de longs frissons d'azur sombre, l'éclat de votre front radieux de ces triomphes intimes, la cruauté char-

mante de vos yeux et les dédains exquis de
votre bouche, tout ce qui vous fait redoutable et adorée. J'imagine que ma pensée
s'imposait à la vôtre et que vous vous preniez
volontiers au sérieux, sans en rien dire, dans
le rôle d'idole qui vous va si bien. Car vous
aviez le bon goût de ne pas interrompre mes
extases délicieuses et vous sembliez respirer,
avec une joie recueillie, l'âme de mes adorations mêlées à l'adoration des choses. Celle
des fleurs vous flattait un peu plus que la
mienne. Voilà tout.

Et, comme vous êtes une personne bien
décidée à n'être ingrate qu'avec moi, vous
rendiez aux fleurs hommage pour hommage,
les admirant avec des tendresses enfantines,
et refusant de les cueillir de peur de leur
faire du mal. Ce que les femmes ont de pitié
pour les roses des haies! Au fait, toute la pitié qu'elles n'ont pas pour nous!

⁂

Leurs bons mouvements ne sont pas d'ailleurs éternels.

Après m'avoir dit de bien justes et bien éloquentes choses, d'une voix où tintait l'écho de vos larmes de petite fille, sur l'iniquité profonde qu'il y avait à déparer ces pauvres églantines de leurs branches maternelles, à trancher méchamment leur belle tige verte, à les arracher à la grande vie libre pour les emprisonner au bord d'un vase, vous reveniez toujours, je ne sais comment, avec des bouquets dans les mains; à moins que vous ne me les fissiez porter, quand il y avait beaucoup d'épines. Vous preniez même un grand plaisir à me voir piquer les doigts, excellente créature que vous êtes! Et moi, je vous avoue que ce martyre me donnait beaucoup de petites joies amères. Lequel est le plus fort et le plus vif, le besoin qu'ont les femmes de nous torturer et le bonheur que nous avons à être torturés par elles? Le métier de victimes a toujours eu du bon, même dans l'antiquité, où l'on ne manquait jamais de les combler de prévenances culinaires et de les couronner de fleurs avant de les coucher, pantelants, sous le couteau de sacrifice.

Je vous rends cette justice, mon amie, de n'être jamais allée avec vous jusqu'à cet excès de familiarité. Il est vrai que vous n'avez jamais non plus pris la peine d'essayer des guirlandes de roses sur le marbre de mon front. Vous la gardiez pour vous et me jetiez même un mauvais regard quand je les reniflais de trop près, comme si mon nez allait boire tout leur parfum.

Vous me rendrez cette justice que je n'ai pas été jaloux de toutes les préférences pour de simples végétaux champêtres très incapables cependant de composer pour vous un sonnet aussi congrûment rimé que les miens. J'ai été même jusqu'à célébrer ces plantes, en vers de huit pieds, pour vous être agréable.

Ah! que vous étiez jolie, revenant du bois sous le grand frémissement des feuillages, fuyant la caresse déjà brûlante du soleil, une gerbe fleurie dans les bras, poursuivis par les bourdons qu'attirait l'odeur de votre butin où se mêlait le parfum vivant de votre haleine !

* *
*

Vous avez eu beau acheter, dans les jardins ambulants que de faux campagnards promènent devant eux dans les rues, toute la flore de cette triste saison, les renoncules rouges pareilles à de larges taches de sang, les anémones étoilées qui semblent de petits astres en train de s'éteindre, les mimosas méditerranéens qu'on prendrait pour des constellations que le vent a jetées à terre; en vain, vous disposez artistement tout cela au faite de porcelaines japonaises, attendant, patiente, que les tiédeurs de votre chambre le fasse épanouir; il est temps, n'est-ce pas, que le printemps revienne avec l'innombrable épanouissement des aromes et des couleurs.

Nous reprendrons le chemin des grandes allées que bordent les mousses émaillées de marguerites blanches. Tout nous sera souvenir dans ces promenades perdues où je retrouverai ma route à la clarté d'un regard ou d'un sourire qui m'a fait immortellement sacrée quelque place que je reconnaîtrai toujours. Ce sera pour mon âme comme une fête Dieu, où j'irai de reposoir en reposoir, dans le balancement des encensoirs que les branches de lilas agitent, sous le rayonnement de vos yeux et de votre front plus blanc que la plus blanche hostie; oui, une fête Dieu toute ensoleillée et toute pleine de muets hosannas. Les chardonnerets à la tête rouge courront devant nous sur le sable comme des enfants de chœur avec une petite musique effarouchée.

Oh! vienne! vienne le printemps!

En attendant, roses et bleues, violettes et mauves, les jacinthes ouvrent, seules, leur cœur déchiqueté, leur cœur de marbre vivant, tendre et veiné comme une chair délicate.

PREMIER SOLEIL

Un matin indécis avec des vapeurs légères, des brises d'argent qu'aucun souffle ne balaye; le jour grandissant dans un air tranquille; une aurore sans flamme et lentement montée d'un horizon sans pourpre. L'homme demeure indifférent à ce spectacle sans incidents; mais, possédant un sens plus subtil des choses, les oiseaux sont comme vibrants et, mus par une surprise pleine de joie, se poursuivent à travers les arbres dépouillés et piaillent le réveil encore obscur des heures amoureuses. Les pigeons roucoulent sur les toits avec cette marche scandée par les oscillations du cou que rythme la musique intérieure du désir.

Cependant midi s'avance derrière une avant-garde de lumière. Le ciel s'est éclairci et son azur aux pâleurs lointaines est comme celui d'un grand lac sur lequel navigue superbement le vaisseau d'or vivant du soleil. Une tiédeur oubliée emplit l'atmosphère. L'illusion du printemps à venir passe dans la nature et une joie triomphante de tous les êtres salue ce retour des journées étincelantes dans la gloire des renouveaux. Avant les fleurs dont les tiges sont encore sans feuilles, les âmes s'ouvrent à des brises mystérieuses où flottent, pour ce rêve, de vagues parfums. On dirait que l'astre d'où descend la vie s'attarde sur le chemin longtemps délaissé et s'assied, comme un voyageur las de sa course, aux portes roses de l'occident. Pour lui aussi, c'est une fête, et ce Dieu bienfaisant qu'ont adoré tous les peuples sages se complait dans son temple rouvert et dans cette fumée bleue d'encens. Le soir vient enfin, mais un soir tout différent de celui de veille, un soir tout imprégné de la chaleur de cette première journée, un soir dont les étoiles scintillent, non plus comme des flèches de givre piquées dans le firmament, mais comme de petites roses de feu s'épanouissant dans un grand jardin d'ombre.

* * *

Mignonne, voici le printemps,
— Aimons-nous bien au temps des roses. —
L'azur, dans les cieux éclatants,
Rouvre ses portes longtemps closes,
D'où la lumière, en flots vainqueurs,
Descend jusqu'au fond de nos cœurs.
— Aimer! chanter! — les douces choses!

Les taillis sont pleins de chansons;
— Aimons-nous bien au temps des roses; —
Et l'ombre met de doux frissons
Au cœur tremblant des fleurs écloses.
Sur nos fronts l'aile du matin
Fait passer un souffle incertain.
— Aimer! rêver! — les douces choses!

> Nos rêves sont vite lassés.
> — Aimons-nous bien au temps des roses. —
> Les beaux jours sont vite passés :
> Le cœur a ses métamorphoses,
> Mais le temps n'y saurait ternir
> La floraison du souvenir.
> — Aimer ! souffrir ! — les douces choses !

*
* *

O réveil d'un printemps que consacrent deux années de souvenirs ! Un soleil se lève aussi dans notre cœur, et le grand bois nous rappelle, le grand bois tant de fois parcouru dans les lumières, dans l'odeur rajeunissante des sèves, dans les joies fraternelles de tout ce qui aime. Tu remettras bientôt tes toilettes claires où se moule, dans une intimité plus tentante, la grâce de ton corps, qu'on dirait illuminée, comme des lampes d'albâtre, par la clarté intérieure que tes formes portent en elles. Car, pour moi, toute flamme vient de ta beauté. Reprenons les chemins où les premiers baisers ont fleuri sur nos lèvres, les baisers furtifs et délicieux où s'exhale l'espoir tremblant des tendresses innocentes encore. Qui dira les douceurs chastes de cette souffrance? Elle occupa tout le premier printemps que nous passâmes ensemble. Le suivant fut fait de caresses heureuses, d'amours largement épanouies. Celui qui vient nous donnera plus de joies encore, le temps ayant fait plus profondes les attirances qui sont devenues notre vie.

Viens par les allées dont aucun feuillage ne festonne d'ombre les sables lumineux. Je te montrerai cependant des bourgeons poussant, le long des branches, leurs petites têtes d'émeraude. Ce sont nos espoirs vivants. Tes yeux cherchent déjà des fleurs dans l'étendue et ma main se tend pour les cueillir. Quel bonheur de piquer première rose à ton corsage!

Mais les roses ne sont pas encore ouvertes. Il a suffi de la vision du soleil dans le grand bois pour évoquer cette floraison menteuse dans mon cerveau avide de vous donner des joies. Mon cœur est comme un jardin d'hiver où toute saison est fleurie. Je voudrais qu'il s'épuisât sous ta main et que ma dernière pensée vînt remplacer à ton corsage la rose que je t'ai promise et qui n'est même pas encore en bouton.

TABLE DES MATIÈRES

                                                  Pages.

L'Hymne des brunes   1

I. — Contes de printemps

La première du printemps. 13
Mimosas. 25
Le buis 35
Prose de Pâques 45
Au salon 57
Tulipes 67
Poème de mai 77
Choses vécues. 85

II. — Contes d'été

Fête des Fleurs. 95
En messidor 107
Bateaux rouges. 119
Au pays des rêves 131
Nuits blanches 145
Paraphrase. 153
Matutina. 159

III. — Contes d'automne

	Pages.
Dans les jardins	171
Super flumina	179
Dernières violettes	190
L'âge d'or	199
Choses d'amour	209

IV. — Contes d'hiver

Première neige	219
Carnaval amoureux	229
Brouillards	239
Taïaut	247
Amorosa	259
Mensonges	269
Entre terre et ciel	281
Jacinthes	295
Premier soleil	305

PARIS. — IMP. C. MARPON ET E. FLAMMARION, RUE RACINE, 26.

www.ingramcontent.com/pod-product-compliance
Lightning Source LLC
Chambersburg PA
CBHW071245160426
43196CB00009B/1164